COF CENEDL XXIV
YSGRIFAU AR HANES CYMRU

Wyneb-lun: Yr Athro Emeritws Prys Morgan yn dadorchuddio cofeb o
Iolo Morganwg (o wneuthuriad John Meirion Morris ac Ieuan Rees) yng
Nghanolfan Uwchefrydiau Cymreig a Cheltaidd Prifysgol Cymru.

COF CENEDL XXIV

YSGRIFAU AR HANES CYMRU

Golygydd
GERAINT H. JENKINS

Gwasg Gomer

Argraffiad cyntaf – 2009

ISBN 978 1 84851 036 4

Dymuna'r cyhoeddwyr gydnabod cymorth
Adrannau Cyngor Llyfrau Cymru.

Argraffwyd gan
Wasg Gomer, Llandysul, Ceredigion

Beth bynnag fo'ch chwi'n wneuthur,
Gwnewch bopeth yn Gymraeg.

Mynyddog

Yr un ydyw siwrne'r wennol – ar waith
   Ar wŷdd y presennol;
   Y mae'r cyfoes mor oesol
Ag oedd flynyddoedd yn ôl.

T. Arfon Williams

Ddoe ydi heddiw pawb dros drigain oed.

Wil Sam

Cynnwys

Lluniau

Wyneb-lun: Yr Athro Emeritws Prys Morgan yn dadorchuddio cofeb o Iolo Morganwg (o wneuthuriad John Meirion Morris ac Ieuan Rees) yng Nghanolfan Uwchefrydiau Cymreig a Cheltaidd Prifysgol Cymru.

Rhagair

Gan fy mod yn ymddeol o'r byd academaidd y mis hwn, yr wyf wedi penderfynu dirwyn *Cof Cenedl* i ben. Y pedwerydd rhifyn ar hugain hwn, felly, fydd yr olaf un yn y gyfres hon. Rwy'n mawr obeithio bod y gyfres wedi cyrraedd ei nod o apelio at ddarllenwyr cyffredin yn ogystal â haneswyr dysgedig a myfyrwyr ifainc, a bod yr ysgrifau a gyhoeddwyd ynddi wedi dangos bod dehongli amrywiol weddau ar ein hanes yn Gymraeg yn waith tra phwysig i ni fel pobl. Fel y dywedwyd lawer gwaith, cof cenedl yw ei hanes ac ni allwn fforddio colli'r cof sy'n cynnal ein hunaniaethau fel Cymry. Rwy'n hyderus y daw rhywun iau na mi i lenwi'r bwlch a adewir ar ôl y gyfres a hefyd y gyfres o gyfrolau blynyddol ar ddiwylliant Cymraeg cymoedd de Cymru, dan olygyddiaeth fy nghyfaill penwyn Hywel Teifi Edwards, cyfres a ddaeth o'r un stabal glyd yn Llandysul. Y mae Hywel a minnau'n dal i gredu na all cenedl ddeall ei phresennol na rhag-weld ei dyfodol heb ymdrwytho'n llwyr yn ei gorffennol, a bod gan y gair printiedig ran allweddol bwysig i'w chwarae yn yr ymdrech barhaus i gryfhau a chyfoethogi ymdeimlad cenedlaethol ein pobl.

Hoffwn fanteisio ar y cyfle hwn i ddiolch yn gyhoeddus i bob un sydd wedi ymateb yn gadarnhaol i'm gwŷs i lunio ysgrif ac am ymatal rhag melltithio'r golygydd yn gyhoeddus am ei ddefnydd tra mynych o'i bensil coch. Dyletswydd bleserus yw diolch i Wasg Gomer am ymgymryd â'r cyfrifoldeb o gyhoeddi'r fenter hon yn y lle cyntaf ac am ei chynnal a'i meithrin dros y blynyddoedd. Diolchaf yn arbennig i John a Jonathan Lewis, Bethan Mair (a'i rhagflaenydd Dyfed Elis-Gruffydd), Gari Lloyd ac, yn wir, holl staff rhadlon Gwasg Gomer am eu cydweithrediad. Cefais gymorth amhrisiadwy gan Glenys Howells a Nia Davies, a diolchaf o waelod calon i'r ddwy am fy arbed droeon rhag mynd i drybini. Mawr yw fy nyled i swyddogion Llyfrgell Genedlaethol Cymru – y llyfrgell orau yn y byd – yn enwedig am eu cymorth wrth chwilio am y cannoedd o luniau a gynhwyswyd yn y gyfres ar hyd y blynyddoedd ac am eu hatgynhyrchu. Bu staff Cyngor Llyfrau Cymru hwythau yn gefn mawr i mi o'r dechrau'n deg ac y mae'n dda gennyf gydnabod yn ddiolchgar y cymorth ariannol blynyddol a gafwyd. Yn olaf, diolchaf yn wresog i'm gwraig Ann Ffrancon am ddygymod â'r profiad blynyddol o weld ei gŵr yn ymlafnio â phentwr o ysgrifau, lluniau a phroflenni. Y mae hi, yn ogystal â mi, yn haeddu hoe.

Gŵyl Owain Glyndŵr 2008   *Geraint H. Jenkins*

Y Cyfranwyr

Ms NIA DAVIES, Cynorthwyydd Personol, Canolfan Uwchefrydiau Cymreig a Cheltaidd Prifysgol Cymru

Dr ANDREW EDWARDS, Darlithydd, Ysgol Hanes, Hanes Cymru ac Archaeoleg, Prifysgol Bangor

Yr Athro Emeritws HYWEL TEIFI EDWARDS, Llangennech

Dr GWEN ANGHARAD GRUFFUDD, Ymchwilydd ôl-ddoethurol, Adran y Gymraeg, Prifysgol Aberystwyth

Dr ALAW MAI JONES, Cymrawd Ymchwil, Canolfan Uwchefrydiau Cymreig a Cheltaidd Prifysgol Cymru

Dr A. CYNFAEL LAKE, Uwch-ddarlithydd, Adran y Gymraeg, Prifysgol Abertawe

Dr ERYN M. WHITE, Uwch-ddarlithydd, Adran Hanes a Hanes Cymru, Prifysgol Aberystwyth

Dymuna'r golygydd a'r cyhoeddwyr ddiolch i'r canlynol am ganiatâd i atgynhyrchu'r lluniau hyn:

Amgueddfa Genedlaethol Cymru: Rhif 1.
Amgueddfa ac Oriel Gelf Brycheiniog: Rhif 6.
Amgueddfa Werin Cymru: Rhifau 3, 4.
Archifdy a Llyfrgell Gymreig Prifysgol Bangor: Rhifau 14, 15.
Archifdy Gwynedd, Caernarfon: Rhifau 25, 26, 27, 28, 29, 30.
Canolfan Uwchefrydiau Cymreig a Cheltaidd Prifysgol Cymru: wyneb-lun.
Cymdeithas Ddinesig Horncastle: Rhif 23.
Mr Edwin Green: Rhif 16.
Llyfrgell Genedlaethol Cymru: Rhifau 2, 5, 7, 8, 9, 10, 11, 12, 13, 17, 18, 19, 20, 21, 22, 24, 31, 32, 33, 34, 35, 36.

O'R BRETHYN BRITH I'R DAMASG DISGLAIR: TECSTILIAU'R CYMRY YN YR OESOEDD CANOL

Alaw Mai Jones

---

a'r pedwerydd chwech a dynasant fy ngwisg deithio a rhoi gwisg arall amdanaf, sef crys a llodrau o liain main, a gwisg a swrcot a mantell sidanwe felen ac ymyl llydan i'r fantell, a thynnu llawer o obenyddiau a gorchuddion o liain main coch iddynt oddi tanaf ac o'm hamgylch, ac eistedd a wneuthum yna.

Cynon, *Chwedl Iarlles y Ffynnon*

Yn 916 ymosododd y frenhines Aethelflaed, merch Alfred Fawr, ar deyrnas Arglwydd Brycheiniog. Llosgwyd y llys ar yr ynys fechan yn Llyn Syfaddan (neu Lyn Llan-gors) gan wŷr Mersia, gan herio Tewdwr ab Elisedd, brenin Brycheiniog, a'i osgordd. Cyn i'r frenhines Gymreig achub dim o'i heiddo rhag y fflamau, fe'i cipiwyd hi a morynion y llys gan y gelyn. Difethwyd ei chyfoeth, ei gwisgoedd gogoneddus a'i holl drysorau yn y tân ac ni cheir ond cofnod moel o'r digwyddiad mewn cronicl Saesneg sy'n nodi'r flwyddyn 916. Dros fil o flynyddoedd yn ddiweddarach gwnaethpwyd darganfyddiad rhyfeddol. Yn nyfroedd Llyn Syfaddan ym 1990 daethpwyd o hyd i ddarn o ddefnydd, bron wedi ei ddifetha gan dân cyn ei oes hir yn y dŵr. Fe'i dyddiwyd i ddiwedd y nawfed ganrif. Tybed a oedd y darn hwn o ddefnydd – a lwyddodd i oroesi oherwydd ansawdd dŵr y llyn – yn perthyn i deulu Tewdwr ac yn rhan o'r gyflafan a ddigwyddodd yn 916, ynteu cyd-ddigwyddiad ydyw ei fod yn dod o'r un cyfnod? Er ei fod yn anhardd, yn ddi-liw ac yn flêr yr olwg, daeth y darn bychan hwn o ddeunydd yn drysor amhrisiadwy, yn brawf gweledol a disglair o ddiddordeb, ffasiwn a meddylfryd y Cymry yn niwedd y nawfed ganrif. Darn bychan o liain a sidanwaith cain yn frodwaith arno oedd y darganfyddiad, a thybir mai rhan o wisg merch o statws uchel ydoedd – y darganfyddiad cynharaf o'i fath ym Mhrydain. Wrth ddychmygu'r hyn a geid ar ddillad a thecstiliau'r Cymry o'r Cyfnod Cynnar hyd at ddiwedd yr Oesoedd Canol dengys y gweithgaredd hynod o wnïo'r delweddau o adar a llewod ar y darn hwn fod mwy i wisgoedd y Cymry na pheisiau brethyn a chrysau lliain syml.

Ni ellir bod yn sicr, fodd bynnag, fod unrhyw gysylltiad rhwng y darn hwn o liain a llys Tewdwr, ond fe'i darganfuwyd ar dir Cymru ac y mae'n dangos bod gan frenhines Gymreig yn y cyfnod hwnnw ddiddordeb mewn gwisgoedd a thecstiliau. Wrth gyfuno darganfyddiadau fel hyn â llenyddiaeth y cyfnod, gwelwn fod sawl brenin, a

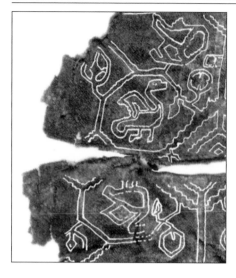

1 Delwedd o'r patrwm ar ddarn
o decstil a ddarganfuwyd yn
Llan-gors.

brenhines hefyd, yn ymddiddori mewn tecstiliau cain. Nod yr ysgrif hon yw trafod y cyfeiriadau llenyddol, ynghyd â thystiolaeth a geir mewn ffynonellau eraill, er mwyn gweld beth yn union oedd diddordeb y Cymry canoloesol mewn defnyddiau a thecstiliau.

Defnyddiwyd tecstiliau at wahanol ddibenion yn yr Oesoedd Canol Cynnar yng Nghymru, fel ym mhob gwlad arall. Er enghraifft, yn ogystal â golygu clogyn neu fantell, gallai'r gair 'llen' gael ei ddefnyddio am wrthban gwely, carped neu len. Yr oedd gwahaniaeth mawr rhwng y dosbarth is a'r dosbarth uchelwrol – y bonedd yn unig a oedd â'r cyfoeth i gael gwisg arbennig at bob achlysur, a'r tecstiliau ceinaf i addurno eu llysoedd, yn dapestrïau a sampleri cywrain. A chyda'r oes faterol yn datblygu'n fwy coeth o ddiwedd y bedwaredd ganrif ar ddeg hyd at oes Elisabeth I, y mae'n ddigon amlwg fod cryn gynnydd wedi digwydd ers dyddiau 'llen' amrwd ac amlbwrpas y Cymry cynnar.

Brethyn brith – dyna'r ddelwedd sydd gennym o'r Cymry cynnar yn eu mentyll a'u peisiau gwlanog yng nghyfnod y beirdd Aneirin a Thaliesin. Brethyn wedi ei gynhyrchu ar yr aelwyd ydoedd, a cheir cryn dystiolaeth archaeolegol i brofi hynny. Hyd yn oed yn y farddoniaeth gynharaf sydd ar gadw y mae Aneirin (tua'r seithfed ganrif) yn cyfeirio at wisgoedd 'brithwe' a 'brithred' rhai o filwyr gosgordd Mynyddog Mwynfawr, y cyntaf yn cyfeirio at frethyn wedi ei weu o wahanol liwiau, a'r ail, yn ôl golygiad Ifor Williams o'r gerdd, yn ddillad o waith siecr. Yr oedd sawl ystyr i'r ansoddair 'brith', wrth gwrs, a gall ddisgrifio lliw neu wead brethyn neu hyd yn oed liwiau'r arfwisgoedd wedi eu 'staenio' â gwaed y gelyn, a oedd yn creu delwedd ddramatig iawn. Ceir perthynas agos rhwng tarddiad y gair a'r gair am ddefnydd gwlanog, sef 'brethyn'. Y mae'n debyg mai 'pais wlanog' Dinogad, a honno wedi ei haddurno â chrwyn balaod, oedd canolbwynt y disgrifiad yn y gerdd 'Pais Dinogad' gan fardd anhysbys o'r seithfed ganrif:

> Peis dinogad e vreith vreith
> o grwyn balaot ban wreith.
>
> (Pais Dinogad, fraith fraith,
> O grwyn balaod ban wraith.)

Ffwr gwerthfawr oedd croen y bela ac, yn ôl y Cyfreithiau, fe'i defnyddid i addurno dillad y brenin. Dibynnid yn helaeth yn y cyfnod hwn ar ffynonellau a oedd o fewn cyrraedd, megis crwyn anifeiliaid a phlanhigion. Ceid lledr o anifeiliaid megis ceirw, geifr a defaid, a gwlân a phlanhigion fel llin a chywarch a ddarparai liain ac edafedd. Datblygiad naturiol oedd i'r geiriau cynnar am ddillad darddu o'r gair 'croen'; er enghraifft, y mae'r gair cynnar am fantell, sef 'ysgin', yn tarddu o'r gair Saesneg *skin*, a daw 'pilyn', sy'n fenthyciad o'r Saesneg *peel*, yn ei dro o'r Lladin *pellis*, sef 'croen'. Gellir olrhain hyd yn oed y gair poblogaidd 'gŵn' yn y pen draw i'r Lladin *gunna*, sy'n golygu 'gwisg allanol, wedi ei gwneud o groen'.

Oherwydd cysylltiad agos y ddau air 'brethyn' a 'brith',

cafwyd un gair yn y cyfnod cynnar hwn i gyfeirio at ddillad o frethyn brith, sef 'brycan'. Y mae'n air benthyg o'r Hen Wyddeleg *breccán*, sef 'brethyn brith', neu, yn ôl y diffiniad mewn geiriadur Gwyddeleg, 'speckled thing, striped or chequered stuff'. Y mae'n debyg mai brown-ddu, gwyn neu hufen golau a llwyd oedd lliw'r brycan, sef lliw naturiol gwlân y ddafad, ac, fel yr awgryma'r ystyr Wyddeleg, gallai fod yn gyfuniad o liwiau gwahanol. Nodir gwerth brycan y brenin a brycan yr uchelwr yn nogfennau Cyfraith Hywel Dda ac, er na ddywedir yn union beth ydyw, dengys fod ansawdd y brycan yn amrywio yn ôl ei werth: 'Breccan brenin, weheugeint a tal. Breccan brëyr, tri vgeint a tal.' Gwerthid ychydig ohono yn y ffeiriau yn y drydedd ganrif ar ddeg ond oherwydd ei ansawdd gwael yn gyffredinol fe'i cysylltid gan amlaf â dillad y werin-bobl. Ni chyfeirir yn uniongyrchol at frycan ym marddoniaeth y cyfnod hwnnw, ond ychydig yn ddiweddarach, yn ail hanner y bedwaredd ganrif ar ddeg, cyfeiria'r bardd Madog Dwygraig at wëydd diog iawn – a'i frethyn brith mor frau nes bod dillad y bardd yn datod! Dichon mai brethyn tebyg i'r brycan oedd brethyn y gwëydd hwn.

Dyna'r math o decstiliau a ddefnyddid i wneud gwisgoedd yng Nghymru yn yr Oesoedd Canol Cynnar. Cynhyrchid nwyddau o wlanen defaid a digwyddai'r proses o nyddu a phannu ar raddfa fechan iawn. Yn ôl Gerallt Gymro, yr oedd gan y Cymry brofiad 'eang' o gynhyrchu gwlanen, ond yr oeddynt 'yn ddi-hid o ddiwydiant a masnach'. Crybwyllir eitemau fel y cogail a'r ddiadell fel rhan o eiddo yng Nghyfraith Hywel Dda a rhennid dillad brethyn gan y brenin yn ei lys ar wyliau arbennig, tra darparai'r frenhines ddillad lliain. Eid ati i wneud eitemau fel mentyll, gynau, hosanau a chapiau, gan ddefnyddio'r gwlân mwyaf ffrisiog i addurno mentyll a gynau a rhoi argraff gyffelyb i ffwr am y gwddf neu ymylwe'r llewys. Lliwid y brethyn, yn hytrach na'i adael yn lliw naturiol gwlân y ddafad, gan ddefnyddio planhigion a blodau o bob math. Parhau'n gyfyng iawn, fodd bynnag, a wnaeth y cynnyrch gwlanen gan mai bychain iawn oedd y ffermydd – rhyw bump neu chwech o ddefaid a geid mewn praidd yn aml. Cedwid llawer mwy o ddefaid gan fynaich y tai Sistersaidd a ddaethai i Gymru o'r ddeuddegfed ganrif ymlaen, a byddai'r mynaich hefyd yn gwau'r gwlân. Pan ddaeth trigolion alltud o Fflandrys i sir Benfro yn y ddeuddegfed ganrif, daeth cynhyrchu gwlanen yn grefft ac iddi bosibiliadau diwydiannol cryf. Sefydlwyd pandai mewn sawl rhan o Gymru i drin y wlanen honno, yn enwedig rhwng 1300 a 1330. Cynhyrchid blancedi, gwlanen ac eitemau o ddillad, a'u gwerthu mewn ffeiriau lleol fel Croesoswallt a'u hallforio o Fryste, Hwlffordd, Caerdydd a Chaerfyrddin.

Erbyn y bymthegfed ganrif yr oedd y diwydiant gwlân wedi ei hen sefydlu ei hun a chawn gyfeiriadau at y diwydiant – gan gynnwys y gwaith o borthmona defaid, cael gafael ar y gwlân gorau, a gwisgo'r brethyn ffris gorffenedig. Yr oedd rhai o feirdd y bymthegfed ganrif yn ffermwyr ac yn borthmyn defaid, a diddorol yw eu cwynion am y prisiau isel a geid yn y ffeiriau. Un bardd a fu'n llwyddiannus fel ffermwr oedd Tudur Penllyn: câi brisiau da iawn am ei ddefaid yn Ardudwy, yn Harlech o bosibl, a oedd yn dref farchnad bwysig yn y bymthegfed ganrif (fel yr oedd rhai o drefi eraill yr hen sir Feirionnydd, megis Dolgellau a'r Bala, a Rhuthun hefyd yn Nyffryn Clwyd). Ceisiodd Llywelyn ap Gutun droi at borthmona oherwydd ei fod mewn dyled, ond fe'i cyhuddwyd o ladrata ei ŵyn a dioddefodd ddychan bachog y beirdd oherwydd hynny. Yn ei gywydd 'Porthmona' sonia Guto'r Glyn amdano'i hun yn mentro i ffeiriau Lloegr ar deithiau aflwyddiannus i chwilio am y pris gorau am ei ddefaid, a chwyna am y prisiau isel a gynigid iddo:

> Profais, anfantais ym fu,
> Drigeintre hyd ar Gwyntry.
> Rhai a gynigiai geiniogau,
> Rhai dair a dimai er dau.

Nis mynnwn am ysmonaeth,
Marw ugain oen, margen waeth.

Profa'r cofnodion hanesyddol mai safon isel y gwlân a oedd i
gyfrif am y prisiau isel a gâi'r porthmyn. Ym marchnadoedd
mawr Lloegr nid oedd gwlanen Cymru yn werth dim, gan
fod y gwlân mor anwastad a thew. Eto i gyd, ni thybiai'r Cymry fod hynny'n broblem. Iddynt
hwy, yr oedd y gwlân cedenog hwn yn hynod o gynnes a
chlyd i'w wisgo. Tywydd cyfnewidiol iawn a geid yng
Nghymru ac felly yr oedd y brethyn hwn yn addas iawn i'r
beirdd ei wisgo wrth deithio o gartref y naill noddwr i'r llall.
Y brethyn Cymreig ansafonol hwn, yn ôl marsiandwyr dros y
ffin, a oedd orau gan y beirdd, felly, a pharhaodd y ddelwedd
o'r Cymry yn eu gwlanen frodorol am rai canrifoedd.

Daeth math arbennig o fantell yn boblogaidd yng
Nghymru yn y bymthegfed ganrif, ond nid o wlân defaid
mynydd Cymru y'i gwnaed. Cynhyrchid y fantell hon yn
Iwerddon a daeth yn un o'r mentyll mwyaf poblogaidd yng
nghanu gofyn a diolch y beirdd. Fel Cymru, yr oedd
Iwerddon yn dibynnu'n helaeth ar y diwydiant gwlân, ond yr
oedd gan y Gwyddelod hefyd y gallu i liwio eu brethyn yn
fwy llachar. Dyna un o rinweddau'r fantell a elwir weithiau
yn 'ffaling' gan y beirdd, ac yn *fallaing* mewn Gwyddeleg
(gair sy'n tarddu o'r Lladin Canol *phalinga* 'clogyn garw'),
mantell enfawr o ffris a gwlanen Gwyddelig. Ychydig iawn o
dystiolaeth sydd wedi goroesi ym Mhrydain am y ffaling, a
dim ond cywyddau o Gymru sy'n cynnig prawf cadarn am
fodolaeth y wisg yng Nghymru. Y cyfeiriad cyfoes arall
mwyaf gwerthfawr yw hwnnw gan Geoffrey Chaucer yn
'The Canterbury Tales' a ysgrifennwyd c.1387. Gwyddys ei
fod ef yn cyfeirio tipyn at ddefnyddiau'r cyfnod wrth
ddisgrifio gwisgoedd y pererinion ar eu taith i'r Eglwys
Gadeiriol yng Nghaer-gaint ac, yn eu plith, ceir yr hyn a
elwir ganddo yn *falding*. Mewn oes pan oedd y diwydiant

gwlân yn ffynnu yn Iwerddon ac yn hynod gynhyrchiol, ceir cofnodion sy'n profi i'r ffalingod hyn gael eu gwerthu yn Lloegr. Ym 1374 cyhoeddwyd bod y Saeson a oedd yn casglu cymorthdaliadau yn fodlon caniatáu i Jean de Pabenham o Coventry werthu 'dudderiware' a 'faldyngware' ymhlith defnyddiau eraill a oedd yn cael eu gwneud yn Iwerddon. Dywed y cofnod fod Pabenham wedi cael ei wahardd gan y casglwyr trethi rhag gwerthu'r defnyddiau gan nad oeddynt yn cyrraedd y safonau a'r maint cywir. Ceir cyfeiriad diddorol arall at y ffaling ym 1378. Rhestrir dau gant o 'faldyngs' a chan llathen o 'faldyngclothe' o Iwerddon (ond a brynwyd yn Lloegr) ymhlith eiddo marsiandïwr o'r Almaen o'r enw Tidenman Knyghtyn. Ganrif yn ddiweddarach, fodd bynnag, ym 1485–6, cafwyd ymgais i reoli nifer y ffalingod a fewnforid i Brydain a gwaharddwyd 'sheremen, frizers or resellers' rhag gwerthu ffris a mentyll Gwyddelig i fasnachwyr tramor. Cafwyd ymgais arall gan y gyfraith, y tro hwn yn Nulyn, i wahardd y mentyll yn gyfan gwbl o'r ddinas ym 1466, er mwyn ceisio ehangu grym a dylanwad y Goron Seisnig yn ystod Rhyfeloedd y Rhosynnau, y mae'n debyg.

Yr oedd Guto'r Glyn, Lewys Glyn Cothi, Hywel Swrdwal a Dafydd Epynt ymhlith y beirdd a ddisgrifiodd y ffaling yn fanwl, a chyfeiriant hefyd at borthladdoedd Cymru. Yng ngwaith beirdd eraill, megis Ieuan Du'r Bilwg, Bedo Brwynllys, Dafydd ab Edmwnd a Ieuan Deulwyn, ni roddid yr enw 'ffaling' ar y fantell – dim ond nodi mai o Iwerddon y deuai.

Y mae'r cyfatebiaethau yn y disgrifiadau o'r mentyll hyn yn drawiadol, ac yn cyd-fynd â lluniau John Derricke yn ei gasgliad 'Image of Ireland' ym 1581 o'r Gwyddelod yn eu ffalingod. Dywed Guto'r Glyn fod y fantell yn 'we o wlân', a phwysleisia Hywel Swrdwal yntau natur drwchus y gwlân Gwyddelig. Pe bodlonid ei gais am fantell ac y mentrai ei gwisgo, honna'r bardd y byddai pobl yn credu ei fod wedi pesgi! Y mae Dafydd Epynt hefyd yn pwysleisio mor dew

2 Darn o gywydd 'I Ofyn am Ffaling' gan Guto'r Glyn
(LlGC Llsgr. Peniarth 152, f. 93).

yw'r fantell y mae'n ei cheisio gan ei noddwr Siancyn ap
Rhys, gan honni na fyddai gan neb ar y ddaear fantell mor
drwchus â hon:

> Ni fu 'n ei grwyn fewn y Gred,
> Ysgîn dewis, gyn dewed:
> Nid â glaw neu ôd y glyn,
> Nid â durew 'n dy doryn!

A hwythau'n teithio o dŷ i dŷ ym mhob tywydd, yr oedd yn
rhaid wrth fantell dew i gadw'r beirdd yn gynnes ac i'w
hamddiffyn rhag y gwynt a'r glaw. Hyd yn oed yn yr unfed
ganrif ar bymtheg, daliai'r beirdd i ofyn am frethyn cedenog
i'w cadw'n gynnes; yn ei gywydd i ofyn gŵn gan Syr Rhys
Gruffudd o'r Penrhyn, dywed Siôn Tudur fod arno angen:

> Ceden glos a'm ceidw yn glyd,
> Cadechyn yn cadw iechyd.

Y mae pob bardd yn cyfeirio at 'ffris', ac efallai mai cyfeiriad
yw hwn at yr ymylwe sy'n ymddangos fel brethyn tewban
cyrliog; fe'i delweddir, yn ogystal, fel 'plu' a dywedir ei fod o'r
un ansawdd â 'ffelfed'. Ond y lliw sy'n tynnu sylw'r beirdd gan
amlaf, y lliw coch – 'lliw'r dunnell dân', yn ôl Hywel Swrdwal,
yn 'fflamau aur', yn ôl Lewys Glyn Cothi. Cyfeirir hefyd at y
lliw 'owls' neu 'gwls', sef term herodrol am y lliw coch. Wrth
ddyfalu'r fantell defnyddia'r beirdd ddelweddau natur yn aml i
gyfleu lliw'r wisg, yn enwedig ffrwyth llwyni a choedydd.
Yng ngwaith Guto'r Glyn a Ieuan Du'r Bilwg cyfeirir at
ffrwyth y rhosyn gwyllt – 'egroes' a 'chriafol' – dwy ffynhonnell
a ddefnyddid ar gyfer lliwio brethyn yn yr Oesoedd Canol. Y
deunydd llifo mwyaf cyffredin yn y cyfnod hwn oedd 'wild
madder', a phrofir hyn gan eitemau o ddillad sydd wedi goroesi
mewn safleoedd archaeolegol. Amcangyfrifir bod 62 y cant
wedi eu llifo felly yn niwedd y bedwaredd ganrif ar ddeg.
Gallai'r 'madder' amrywio'n fawr o ran ei liw, ond y lliw

mwyaf cyffredin a gysylltir ag ef yw lliw coch cynnes bricsen. Un o rinweddau amlwg y ffaling oedd ei bod yn gwrthsefyll glaw. Gan fod y deunyddiau gwlanog yn parhau i feddu olewau naturiol gwlân y ddafad, yr oedd y mentyll hyn yn cadw'n weddol sych. Yr oedd modd cynyddu'r gwydnwch drwy bannu, proses cyfarwydd iawn yng Nghymru erbyn cyfnod llewyrchus y ffalingod, neu drwy roi cŵyr ar y deunydd i wrthsefyll dŵr. Darganfuwyd darn o ŵn sy'n dyddio o ddiwedd y bymthegfed ganrif yn Moy yn Iwerddon. Gwnaed y gŵn o wlanen, ac yr oedd arwyneb y deunydd wedi ei ffeltio i'w alluogi i ddal dŵr. Cafwyd hefyd hyd i ddarn o fantell fras yn Drogheda sy'n dyddio o'r un cyfnod ac yn cyd-fynd yn union â disgrifiadau'r beirdd o ddefnydd y ffaling. Yr oedd hi'n hawdd cael gafael ar y ffalingod hyn ym mhorthladdoedd Cymru, ac y mae'n amlwg fod eu gwneuthuriad tew a chedenog yn apelio'n fawr at y beirdd a'u noddwyr.

O wledydd pell ac agos, yn raddol daeth tecstiliau amrywiol i Gymru ac fe'u gwisgid gan arglwyddi ac arglwyddesau yn llysoedd y tywysogion. Digwyddai'r mewnforio hwn hyd yn oed cyn dyfodiad y Normaniaid. Ceir cyfeiriad gan Aneirin at ddilledyn o fath arbennig o sidan, sef 'serig', a thystia darganfyddiadau archaeolegol fod olion o ddeunydd sidanaidd i'w cael mewn beddau Rhufeinig yn ne Lloegr yn dyddio'n ôl i'r drydedd ganrif. Wrth i'r cyfnod canoloesol ddatblygu'n gyflym yn nhermau allforio a mewnforio, ac wrth i'r ysfa am well safon byw gynyddu'n gyson, dechreuodd y tywysogion hwythau ymddiddori yn y defnyddiau hyn. Amlyga rhyddiaith yr Oesoedd Canol yn gynnil iawn sut y datblygodd y diddordeb hwn mewn defnyddiau estron wrth i'r cyfeiriadau at frethyn Cymreig leihau a'r cyfeiriadau at decstiliau cain gynyddu. Tybir yn gyffredinol fod chwedl *Culhwch ac Olwen* yn bodoli ar lafar o gyfnod lled gynnar, a rhai rhannau o'r chwedlau eraill hefyd. Ceir cyfeiriadau at 'sidan' a 'phali' yn *Culhwch ac Olwen* ac yn *Pedair Cainc y Mabinogi*. At ei gilydd, y mae'r disgrifiadau

o wisgoedd yn y *Pedair Cainc* yn gonfensiynol iawn. 'Eurwisg
o bali' a roddwyd i Pwyll, 'eurwisg . . . o bali llathraid' a wisgai
gwraig Arawn, a 'gwisg euraid, llathraid, o bali' yw'r disgrifiad
o wisg Rhiannon. Math o waith sidanaidd a brodwaith arno
yw 'pali', gair sy'n tarddu o'r Ffrangeg *paille*, 'sidan â
brodwaith', a'r brodwaith, yn achos y *Pedair Cainc*, wedi ei
frodio o edau aur gan amlaf. Daeth y math arbennig hwn o
frodwaith yn wreiddiol o Alecsandria yn yr Aifft a phrofwyd ei
fod yn cael ei fasnachu yno yn y ddeuddegfed ganrif. Defnyddir
yr un gair mewn barddoniaeth Ffrangeg o'r un cyfnod tybiedig
â'r *Pedair Cainc*. Y mae'r rhamantau *Iarlles y Ffynnon*,
Geraint fab Erbin a *Pheredur fab Efrog* yn profi bod mwy o
ddiddordeb mewn defnyddiau erbyn iddynt hwy gael eu
cofnodi. Eto, ymgais i atgoffa'r gynulleidfa o'r delfrydau gwych
a oedd yn bodoli yw'r cyfeiriadau at decstiliau a'r delfryd
eithafol a lunnir. Un defnydd a grybwyllir yn rhai o'r
rhamantau yw 'bliant', gair sydd o bosibl yn fenthyciad o'r
Hen Ffrangeg *bliaut*. Y mae'n ddiddorol, fodd bynnag, fod i'r
gair Cymraeg ystyr wahanol. Mewn testunau Ffrangeg Canol a
Saesneg Canol defnyddir y gair i ddynodi gwisg, megis ffrog
laes, ond y mae'n amlwg mai math o liain main drudfawr
ydyw yn ein testunau ni. Defnydd ar gyfer dillad isaf ydyw yn
Iarlles y Ffynnon, yn ôl pob tebyg, gan iddo gael ei gysylltu â'r
'crys' a'r 'llawdyr', ac mewn un rhan o'r chwedl crybwyllir
'bliant' deirgwaith yn y disgrifiad o'r wledd:

A thynnu gobennydey amhyl a thudedau o'r bliant och
udunt y danaf ac y'm kylch . . .
(a thynnu llawer o obenyddiau a gorchuddion o'r bliant
coch iddynt oddi tanaf ac o'm hamgylch);

a thweleu o wliant gwyn a rei gwyrd
(a thywelion o fliant gwyn a rhai gwyrdd);

. . . Ac aryant oed bwrd, a bliant oed lieineu y bwrt
(Ac arian oedd y bwrdd a bliant oedd llieiniau'r bwrdd).

Mewn rhan arall o'r chwedl rhestrir bliant fel un o'r
defnyddiau cyfoethog y buwyd yn gorwedd arnynt, ynghyd â
'gra', sef ffwr a ddefnyddid i addurno gwisgoedd, 'ysgarlat', a
oedd yn ddefnydd yn hytrach na lliw yn yr Oesoedd Canol, a
'syndal', sef math o sidan gwyn meddal.

Yr hyn sydd i'w weld yn amlwg yn y disgrifiadau a geir yn
Iarlles y Ffynnon a *Breuddwyd Rhonabwy* – chwedl arall sy'n
nodedig am ei disgrifiadau lliwgar – yw dylanwad y Ffrangeg
ar y Gymraeg yng nghyswllt tecstiliau cain. Dichon fod
Cymru yn y ddeuddegfed ganrif a'r drydedd ganrif ar ddeg
wedi ei thrwytho yn y moethau Ffrengig hyn a chofiwn hefyd
am Siwan, yr arglwyddes a fagwyd yn Ffrainc ac a briododd
Lywelyn ab Iorwerth – gwraig a fu'n ddi-os yn fawr ei
dylanwad ar ddiwylliant materol y llys yng Nghymru. Ceir
yng nghanu cyhoeddus y llysoedd brawf uniongyrchol o'r
termau a ddefnyddid; er gwaethaf eu ceidwadaeth a'u
hymdrech i ddiogelu'r eirfa farddol draddodiadol, benthyciai'r
Gogynfeirdd enwau o'r Ffrangeg i gyfeirio at ddefnyddiau
gwerthfawr. Yr oedd rhannu tecstiliau yn weithgaredd amlwg
yn y llys, ond nid 'brethynwisg' a 'llieinwisg' mohonynt, fel
yng Nghyfraith Hywel Dda, ond 'aur a phali', yn ôl Meilyr
Brydydd, pencerdd Gruffudd fab Cynan:

> Cefais-i liaws awr aur a phali
> Gan freuawl riau er eu hoffi,
> Ac wedy dawn awen, amgen ynni,
> Amdlawd fy nhafawd ar fy nhewi.

> (Cefais i lawer tro aur a sidan
> Gan frenhinoedd darfodedig yn gyfnewid am eu canmol,
> Ac wedi rhodd yr awen, o rym amgenach,
> Tlawd iawn yw fy nhafod wrth imi dewi.)

Modd i ddyrchafu statws oedd hyn, a hefyd i brofi bod
arglwydd y llys yn berchen ar ddefnyddiau drudfawr a
dieithr a edmygid yn llysoedd Ffrainc. Wrth drafod defnydd

y Gogynfeirdd o'r geiriau benthyg, meddai Elisa Moras yn ei thraethawd ynghylch lle'r ferch yn ei chymdeithas yng nghyfnod y tywysogion:

> Wrth dorri arfer a benthyg termau i'w geirfa a'u traddodiad, geiriau megis 'pali' o'r Hen Ffrengig 'paile / palie', a 'syndal' o'r Hen Saesneg 'cendal', a'r 'senda' Hen Saesneg, pwysleisia'r beirdd y modd y croesawai'r arglwydd y moethau a'r datblygiadau diweddaraf o dramor i'w lys ef ei hun.

Un o'r termau hynny, fel y nodwyd uchod, yw 'syndal', sef defnydd llawer teneuach na sidan a mwy ysgafn a brau. Cyfeirir ato gan y Gogynfeirdd fel deunydd drudfawr; fel y dywed Madog ap Gwallter, er enghraifft, rhwymwyd y baban Iesu mewn cadachau yn hytrach na 'syndal':

> Pali ny myn, nid uriael gwyn ei ginhynnau,
> Yn lle syndal ynghylch ei wâl gwelid carpau.

> (Ni fyn sidan addurnedig, nid lliain gwyn yw ei gadachau,
> Yn lle lliain main o amgylch ei wely gwelid carpau.)

Mewn llenyddiaeth Ffrangeg y mae 'syndal' yn llai gwerthfawr na sidan ei hun. Fe'i defnyddid i leinio gwisgoedd, a phan ddaeth deddfau ynglŷn â defnyddiau i rym yn Ffrainc câi 'syndal' weithiau ei ganiatáu pan waherddid sidan. Byddai defnydd brau a meddal o'r math hwn wedi bod yn berffaith i rwymo'r baban Iesu.

Rhyfeddai'r Gogynfeirdd fwyfwy at liwiau llachar y tecstiliau, ac edmygent ddillad gwyrdd, coch a phorffor y tywysogion. Wrth gwrs, cyfyng iawn oedd eu dewis o liwiau gyda'r brethyn, a graddol oedd y datblygiadau lliwio, fel y dywed Ann Sutton:

> For centuries, the textile mills of Wales, like the rest of the world, relied on natural dyestuff in order to colour

their wool . . . Woad, indigo, madder (believed by the Welsh to counteract rheumatism), cochineal, lichens (including orchil) and berries were among the dyestuffs grown or imported, and they were used with mordants (which enable the dye to penetrate the fibre) such as iron, alum and tin.

Bardd hynod gynhyrchiol a ganai i sawl tywysog oedd Cynddelw Brydydd Mawr a cheir ganddo fanylion am liwiau tecstiliau a gwisgoedd y tywysogion, a ddynodai eu statws. Cyfeiria at Owain Gwynedd (c.1100–70) 'yn ngwisg borffor' ac, er mai ffordd o foli Owain Gwynedd oedd hyn, y mae'n debyg fod gwisg borffor yn dal i ddynodi statws brenhinol fel yn y Cyfnod Cynnar. Sonnir hefyd am wisg borffor Owain Cyfeiliog – 'Gŵr osgeth o wisc borfforun' – a dillad coch ei osgordd, 'ei bebyll, ei byll, ei ball coch'. Canai 'Prydydd y Moch' neu Llywarch ap Llywelyn (c.1173–c.1220) yn ystod oes Llywelyn ab Iorwerth, a darlunnir Llywelyn ganddo fel gwasgarwr rhoddion niferus, gan gynnwys mentyll ysgarlad, yr un lliw â ffagliad coelcerth:

> Ysginawr gorfawr gorfynt pâr,
> Ysgarlad lliw ffleimiad fflamiar.

> (Mentyll niferus yn achosi cenfigen
> [Rhai] ysgarlad [a chanddynt] liw ffagliad coelcerth.)

Erbyn cyfnod Llywelyn ab Iorwerth yr oedd Cymru wedi hawlio statws brenhinol, ac ystyrid Llywelyn ei hun mor rymus a bygythiol â brenin Lloegr. Diau, felly, fod ei lys yn cyfranogi o'r un diwylliant economaidd a materol â'r llysoedd yn Lloegr a thu hwnt wrth iddo wahodd brenhinoedd a thywysogion o wledydd fel Ffrainc i'w lysoedd ef ei hun. Yr oedd hi'n oes gystadleuol iawn rhwng arweinwyr y taleithiau Cymreig a oedd yn brwydro am diroedd a statws. Yn y cyfnod dilynol canodd Gruffudd ap

Maredudd foliant i ferch o'r enw Gwenhwyfar, a cheir ynddi
gyfeiriadau at y defnyddiau mwyaf drudfawr a'r gemwaith
gwerthfawr a oedd i'w cael yng Nghymru'r bedwaredd ganrif
ar ddeg. Er bod Gruffudd yn canu yn ddiweddarach na
Beirdd y Tywysogion, y mae ei arddull yn cyfateb yn gyfan
gwbl i'w dull hwy. Yn ôl Elisa Moras, amlygir ei hoffter o
wisgoedd a thecstiliau yn y gerdd hon. Cyfeirir ynddi at
'gyfoeth o liwiau a defnyddiau cain na welir eu tebyg yng
ngwaith yr un arall o feirdd y tywysogion'. Cyfeiria'r bardd
at wneuthuriad penwisg a gwisgoedd Gwenhwyfar, at
'urael', 'syndal' a 'phali'. Yr oedd 'urael', fel 'syndal' a
'phali', yn ddefnydd gwerthfawr o liain gwyn yn hytrach na
sidan ac yr oedd, o bosibl, yn tarddu o'r Ffrangeg *orel*, 'robe,
garment, mantle, veil', o'r Lladin *orarium*.

    Yn ôl y llyfrau ar hanes ffasiwn, digwyddodd newid
chwyldroadol yng nghanol y bedwaredd ganrif ar ddeg o
safbwynt siâp a thoriad dillad dynion a merched fel ei
gilydd. Daeth dillad uchelwragedd yn fwy tyn am y corff a
thrywsusau'r uchelwyr yn gwtocach, gan ddangos eu
hosanau lliwgar. Yn cydoesi â'r chwyldro hwn yng
Nghymru yr oedd un bardd nodedig a oedd yn barod i roi
cyhoeddusrwydd i'r newidiadau anghyfarwydd hyn yn ei
waith, sef Dafydd ap Gwilym, ac y mae'r amrywiaeth o
dermau a ddefnyddir ganddo am wahanol eitemau o ddillad
a thecstiliau yn hynod werthfawr. Y mae barddoniaeth
Dafydd ap Gwilym fel ffenestr sy'n dadlennu poblogrwydd a
datblygiad y pethau 'newydd' a oedd yn magu grym yng
Nghymru, ac yn amlygu'r cyfoeth materol a oedd ar
gynnydd wrth i wŷr o radd ddilyn y ffasiwn a geid ar y
Cyfandir a thu hwnt. Er hynny, nid yw Dafydd yn ei gwneud
hi'n haws i ni ddeall terminoleg ffasiwn ganoloesol yng
Nghymru oherwydd ei ddefnydd o iaith ffigurol a delweddau
newydd, a barai fod hyd yn oed y coed yn gwisgo mentyll
ffasiynol! Ef oedd un o'r beirdd cyntaf i ledaenu
poblogrwydd y canu serch yng Nghymru ac yn y cerddi

hynny ceir cyfeiriadau lu at y tecstiliau a ddefnyddid yng ngwisgoedd merched y bedwaredd ganrif ar ddeg. Y lliwiau mwyaf gogoneddus yw 'rhudd' a 'phorffor', glas neu 'asur' a gwyrdd, lliw Fenws. Gwisgid coler euraid am y 'mwnwgl', a phenwisg addurnedig o liain 'combr'. Byddai gŵn o fliant yn cael ei wisgo dros grys hardd wedi ei leinio â ffwr o amgylch y gruddiau. Gwisgid hefyd syndal, cadas, a phali, a chyfeirir sawl gwaith at ffwr, 'gra' neu 'pan', sef ffwr fel leinin.

Adwaenir Dafydd fel bardd a oedd yn fentrus iawn o ran ei ddelweddaeth o anifeiliaid a natur. Daeth tecstiliau fel lliain 'siprys', er enghraifft, yn ddelwedd o'r wylan ganddo, ac yr oedd beirdd y bedwaredd ganrif ar ddeg yn gyfarwydd â delweddu gwallt morynion fel 'sidan'. Ond o'r ganrif honno hyd at ddiwedd yr Oesoedd Canol daeth rheswm amgen dros ddefnyddio tecstiliau yn ddelwedd am statws uchelwr. Wrth i'r farchnad decstiliau o dramor gynyddu, gostyngodd eu prisiau yn enbyd, fel bod hyd yn oed y werin-bobl yn gallu fforddio'r prisiau rhad yn achlysurol. O ganlyniad lleihawyd y bwlch cymdeithasol rhwng yr uchelwr a'r masnachwr, a'r unig ffordd i sicrhau nad oedd hyn yn parhau oedd drwy osod deddfau i ddynodi pa decstiliau a ganiateid i bob dosbarth cymdeithasol eu gwisgo. Yn ôl un o'r deddfau hynny, gwaherddid pob aelod o'r gymdeithas, ac eithrio marchog, ysgwïer neu aelod o'r teulu brenhinol, rhag gwisgo sidan. Defnyddid sidan, felly, yn drosiad am statws uchelwr. Deunydd arall a ddefnyddid gan Feirdd yr Uchelwyr fel delwedd o statws oedd 'damasg'. Wrth i'r oes ddatblygu ac i dechnegau newydd gael eu dyfeisio yn y diwydiannau sidan yn yr Eidal a Sbaen arbrofwyd mwy â gwehyddu sidan a satin, a datblygwyd prosesau megis gwau edafedd gwlanog ac edafedd metelaidd gyda'i gilydd, proses a darddodd o ddinas Lucca yn yr Eidal. Gelwid un o'r gwehyddiadau hyn yn 'damasg'. Daw'r enw o ddinas Damascus yn Syria, a oedd yn ganolfan wehyddu bwysig iawn yn yr Oesoedd Canol. Gall damasg yn gyffredinol fod o unrhyw ddefnydd – sidan, gwlân, lliain neu gotwm – ond yr hyn a olygir gan amlaf yw gwead wedi ei wneud wrth wehyddu i gyfuno dau fath o ddefnydd. Yn ffodus iawn, y mae llawer o waith sidan damasg sy'n dyddio o'r bedwaredd ganrif ar ddeg ac yn wreiddiol o ogledd Ewrop i'w weld yn Amgueddfa Victoria ac Albert yn Llundain. Delweddai'r beirdd eu noddwyr 'mewn damasg' a defnyddir y trosiad fod yr uchelwyr yn 'ddiemwnt mewn damasg', sy'n awgrymu eu bod yn gyfarwydd â'r cynnyrch os nad y dechneg. Dywed Wiliam Llŷn mewn cywydd i Domas Tanad ei fod 'yr un wedd ei rawn a'i wasg / Â main deimwnt mewn damasg'. Nod y ddelwedd hon oedd dangos bod yr uchelwr mor loyw â diemwnt mewn damasg ac yn disgleirio'n fwy llachar na'r un uchelwr arall. Cyfeiria Dafydd Llwyd at ddamasg uchelwragedd cyfoethog:

> Merched ieirll, a'u meirch a'u dawns,
> Mewn damasg a'u main diemawns,

a dywed Siôn Ceri yntau fod uchelwragedd Croesoswallt yn gwisgo damasg:

> Mae rhianedd heulwedd hwnt
> Mewn damasg â main diemwnt.

Dywed Siôn Tudur yn ei gywydd 'I Ganmol Gwraig ac i Ddifenwi ei Gŵr' mai 'gwe ddamasg yw'r feinwasg fun', ac yn ei gywydd diolch am baun y mae Deio ab Ieuan Du yn cymharu plu lliwgar y paun â damasg:

> Gwisg wyrdd heb un gwregys gwasg,
> A'i stumog megis damasg.

Profa ewyllysiau'r unfed ganrif ar bymtheg fod rhai uchelwyr yn berchen ar ddamasg. Yn rhestr eiddo Edward Grey (1544), barwn Powys, er enghraifft, nodir 29 o eitemau yn yr adran ar ddillad yn unig, ac yn eu plith ceir gŵn a chôt ddamasg: 'A

3 Manylyn damasg ar wisg a oedd yn wreiddiol yn eiddo i deulu Johnes, Garthmyl Isaf, Y Trallwng.

tawny damaske gowne, gardyd with tawny veluet, a burgoyvnyon gard . . . a cote of blake damaske.' Yng Nghymru ceir enghraifft ddiddorol o ddamasg sydd tipyn yn ddiweddarach na'r enghreifftiau Seisnig, sef c.1708–9. Y mae'n debyg iddo gael ei wneud yn Lloegr, ac y mae'n brawf o'r modd y trosglwyddid defnyddiau sidanaidd o'r fath o'r naill genhedlaeth i'r llall. Eiddo teulu'r Johnes o Garthmyl Isaf, Y Trallwng, ydoedd yn wreiddiol ac y mae bellach yn rhan o gasgliad y gwisgoedd yn Amgueddfa Werin Cymru.

Gellir dweud bod y cyfeiriadau at decstiliau cain yn cyd-fynd yn berffaith â'r cyfeiriadau at bob math o foethau eraill a ddaeth i Gymru, yn enwedig ar ddechrau'r bymthegfed ganrif. Difrodwyd nifer helaeth o dai'r uchelwyr yn ystod gwrthryfel Owain Glyndŵr, a manteisiwyd ar y cyfle i ailadeiladu'r hen lysoedd – o'r tu allan ac o'r tu mewn. Comisiynid tapestrïau a chroglenni gogoneddus i addurno'r llysoedd ar eu newydd wedd, a dewisid y tecstiliau mwyaf coeth i orchuddio'r dodrefn, yn fyrddau a gwelyâu. Mewn awdl sy'n gofyn am dapestri gan Annes ferch Siôn ap Watcyn, a gwraig i Gruffudd ab Ieuan, maer Caerllïon, disgrifir y gwaith nodwydd ar y tapestri yn fanwl iawn gan Lewys Glyn Cothi:

> llun Mair a'r deuddeg mewn cadeiriau,
> llun saint a Iesu, llun santesau,
> llun meillion gwyrddion, llun garddau – Ffrengig,
> llun brig y goedwig yn fagadau.

Nododd ddelweddau crefyddol, a lluniau blodau a phlanhigion, yn ogystal â lluniau o arfbais teulu'r Herbertiaid, nodwedd gyffredin iawn ar furiau tai bonheddig yn y cyfnod hwnnw. Ceir gan yr un bardd ddisgrifiad o huling gwely hardd iawn a oedd yn eiddo i Elin ferch Llywelyn ap Hwlcyn ac a ddaeth yn wreiddiol o blasty Prysaeddfed ym Môn. Eto, y mae natur yn rhan amlwg o'r delweddau, gan ddwyn i gof rhai o dapestrïau enwog Lloegr:

> naw o geirw yn eu gorwedd,
> ac â naw ewig un wedd,
> deuddeg o ddail medleilas,
> a deg o liw du a glas.

Cartref arall a fu'n rhan o'r ailadeiladu hwn oedd Cochwillan ym mhlwyf Llanllechid ger Bangor. Ehangwyd y tŷ yn ystod ail hanner y bymthegfed ganrif gan Wiliam Gruffudd ap Robin i ddathlu ei benodiad yn siryf am oes yn sir Gaernarfon, gan ei wneud yn blasty addas ar gyfer person o'i statws ef. Disgrifir y tu mewn i'r tŷ gan Guto'r Glyn:

> Gwely arras, goleurym,
> A siambr deg sy'n barod ym.
> Mae yno i ddyn mwyn a ddêl
> Fwrdd a chwpwrdd a chapel,
> A gwych allor Gwchwillan,
> Ac aelwyd teg i gael tân.

Cyfeiriad at lenni arbennig y gwely yw'r 'gwely arras'. Yr oedd Arras yn Fflandrys yn ganolfan hollbwysig o safbwynt cynhyrchu tapestrïau a gwehyddid ffigurau natur a golygfeydd

4 Manylyn brodwaith ar un
o dapestrïau Plas
Bryncunallt, Y Waun,
sir y Fflint.

lliwgar ar y tapestrïau mwyaf caboledig. Plasty arall y galwai Guto'r Glyn ynddo oedd Bryncunallt, Y Waun, yng nghyfnod Edward ap Dafydd a'i feibion. Ceir ar gadw groglen a frodiwyd ym Mhlas Bryncunallt sawl canrif yn ddiweddarach (c.1710– 20). Darlunnir arni ddelweddau o fyd natur, yn adar a phlanhigion o Ewrop, wedi eu gwneud o wlân a sidan.

Heb os, dengys y cyfeiriadau at 'cloth-o-Arras' a 'cloth-o-gold', yn ogystal ag at decstiliau arbenigol fel 'damasg', ymwybyddiaeth eang y beirdd o'r canolfannau pwysig lle y cynhyrchid y tapestrïau a'r tecstiliau hyn. Yn aml, cyplysir y defnyddiau â tharddiad eu gwneuthuriad er mwyn pwysleisio eu cyfoeth a'u natur egsotig. Cysyllta Dafydd Nanmor y defnyddiau â'u tarddiad er mwyn pwysleisio ehangder a chyfoeth Siasbar Iarll Penfro:

> Jâl, a chaer Syndal, a Sandwys – a geir,
>   Ac egori Parys,
>   A chael Kwlen, a'r Venys,
>   A chael Ffraink vchel i ffrys.

Yr oedd porthladd hynod bwysig Sandwich yng Nghaint yn ddolen gyswllt rhwng y Cyfandir a Llundain. Mewn cyfnod diweddarach cymharodd Huw ap Dafydd (fl. 1520–30) wallt merch ag 'aur Sandwig 'ry syndal', gan gyfuno'r lliain main sidanaidd 'syndal' â'r porthladd pwysig hwn. Wrth edrych ar gyfeiriadau yn y farddoniaeth at ganolfannau diwydiant gwelir sut yr oedd gwlad neu ddeunydd o'r wlad honno yn cyfleu ar unwaith mai rhywbeth egsotig ydoedd. Dengys ewyllysiau fod defnyddiau fel sidan, melfed a damasg yn eiddo i rai o farsiandïwyr Cymru. Cadwai William Awbrey, masnachwr o Aberhonddu, siop yn y dref oddeutu 1630 a cheid ynddi bob math o ddefnyddiau tramor, gan gynnwys taffeta, sef deunydd tebyg i'r 'syndal', defnydd mwslin o'r India. Yr unig ddefnydd gwlanog ar restr Awbrey a oedd heb amheuaeth yn ddefnydd 'Cymreig' oedd tair llathen o ffris.

Yn gyffredinol, ymddengys mai gwerthu defnyddiau tramor rhad a wnâi'r masnachwr hwn, ac mai pobl ychydig yn is eu statws na'r uchelwyr cyfoethog oedd ei gwsmeriaid. Wrth i'r cyfnod fynd rhagddo datblygodd cynhyrchu sidan a gwaith brodwaith mawr fel tapestrïau yn broses mwy lleol, ac erbyn yr ail ganrif ar bymtheg daeth y diwydiant sidan i Lundain yn sgil mewnlifiad o bobl a oedd yn gallu nyddu sidan. Gelwir y diwydiant yn 'sericulture' a daeth yn ddiwydiant o bwys am y tro cyntaf yn niwedd yr unfed ganrif ar bymtheg. Peth cyffredin hefyd oedd comisiynu gwaith brodwaith, fel y gwnaeth Charles ac Elizabeth Herbert, Rhaglan. Gwyddom fod dau dapestri enwog yn Rhaglan ym 1507, sef gorchuddion hardd o Arras yn adrodd stori'r Brenin Nebuchodonosor a buchedd y Santes Ide. Derbyniodd Elizabeth Herbert hefyd waith wedi ei gomisiynu yn anrheg gan ei chyfnither, y frenhines Elisabeth o Iorc. Awgryma Peter Lord fod Elisabeth o Iorc wedi comisiynu brodiwr i lunio brodweithiau a thapestrïau cyn ei hymweliad â Chymru ym 1502: 'Cyflogai ei brodiwr ei hun, gŵr o'r enw Robynet, a dengys taliadau a wnaed o'i Phwrs Cyfrin iddo gael ei gomisiynu i ymgymryd â darn o waith hynod uchelgeisiol cyn i'r frenhines fynd ar daith i Gymru.' Ceir yn Eglwys Babyddol y Forwyn Fair a San Mihangel, Y Fenni, sir Fynwy, gasul arbennig sy'n dyddio o ddechrau'r unfed ganrif ar bymtheg ac sydd, o bosibl, wedi ei frodio gan yr un brodiwr. Y mae arno orffrais ar ffurf croes sy'n llawn brodwaith euraid tebyg i ddelweddau Seisnig o'r bedwaredd ganrif ar ddeg.

Tybed a fu brodio yn weithgaredd hamdden neu fasnachol yng Nghymru ei hun? Gwyddom fod dillad ac arnynt frodwaith neu ryw fath o waith nodwydd yn dyddio o gyfnod cynnar iawn. Y mae'r cyfeiriadau at 'bali' yn dyst fod brocêd euraid ar ddillad cymeriadau rhai o'r chwedlau. Yn *Breuddwyd Rhonabwy*, er enghraifft, sonnir am 'len o bali caerog', sef brocêd wedi ei weu yn rhesi cyfochrog. Y mae'n

5 Casul a gedwir yn Eglwys Babyddol y Forwyn Fair a San Mihangel, Y Fenni, sir Fynwy.

bosibl, yn ôl Ifor Williams, fod 'eddi eurwaith', sef 'brodwaith aur', i'w gael ar wregys un o arwyr Catraeth. Ar ymylwe crys, mantell neu bais y ceid y gwaith edafedd manwl gan amlaf, ac edafedd gwlanog neu liain a ddefnyddiai brodwyr Cymru, gan y byddai wedi bod yn anodd iawn iddynt gael gafael ar edau sidanaidd. Cyfeiria'r beirdd yn aml at waith aur neu arian, megis mantell Ieuan Deulwyn a oedd ag 'aur ar ei brig'. Peth digon cyffredin hefyd oedd gweld arwyddion herodrol ar ddillad seremonïol rhai o'r uchelwyr. Yn ôl Hywel Swrdwal, yr oedd mantell Wiliam Herbert Ieuanc pan gafodd ei urddo'n Farchog o'r Badd yn cynnwys 'sidan las ei edau'. Rhaid craffu'n fwy manwl i ddarganfod gwaith nodwydd mwy uchelgeisiol. Yn ôl Ieuan Brydydd Hir, ceid ar hug arian Tudur Penllyn – hug a wisgai Tudur i ddwyn cariad y bardd – ddelweddau o 'lysiau'r Mai, lliw y sêr mân'. Yr oedd hi hefyd 'yn llen i'w dwyn, uwch Llundain waith', ac felly yn well na dim a wneid yn Llundain. Cymherir y brodwaith ar y fantell a gafodd Lewis Morgannwg gan Wiliam Herbert â brodwaith Groegaidd, yn 'wawr ddeuliw, gwe urddolion, / O frwydau Groeg, i'r Ford Gron'. Â gwaith brodwaith o Baris y cysylltir y pwrs arbennig a gafodd Guto'r Glyn gan Catrin, gwraig Dafydd Llwyd o Abertanad, ond mwy arwyddocaol yw awgrym Guto fod y pwrs yn cynnwys brodwaith gan Catrin ei hun:

> Amner [h.y. pwrs] yw hwn mewn aur rhudd
> A frodies merch Feredudd.

Y mae'n ddigon posibl i'r gwaith nodwydd hwn gael ei wneud gan Catrin yn ei horiau hamdden a'i fod, o'r herwydd, yn llawer mwy personol i'r bardd fel rhodd. Ceir disgrifiad o'r pwrs melfed a damasg, ac arno ddelwedd o 'ros aur'. Darganfuwyd ym Mrycheiniog faneg o groen myn sydd bellach ar gadw yn amgueddfa'r sir. Arni ceir gwaith brodwaith tebyg iawn i ddisgrifiad Guto – edafedd sidan wedi ei frodio yn gynnil iawn. Dyddiad tybiedig y faneg yw *c.*1625, ac felly y mae tipyn yn ddiweddarach na phwrs Guto, ond erys yn symbol gweledol o frodwaith arbennig yng nghyfnod y Tuduriaid yng Nghymru.

Wrth drafod y posibilrwydd o waith brodio 'brodorol', rhaid dychwelyd at y dernyn a ddarganfuwyd yn Llan-gors. Gellir ei gymharu â brodwaith Eingl-Sacsonaidd o'r un cyfnod a ddarganfuwyd ym medd Sant Cuthbert yn Durham, ac a wnaethpwyd rhwng 909 a 916. Ond y mae'r gwaith ar liain Llan-gors, brocêd *soumak*, neu waith wedi ei frodio i ymddangos fel brocêd, yn unigryw. Ceir arno bâr o lewod bychain – y ddau ohonynt â thair coes, eu cynffon ar i fyny a dau smotyn ar eu corff uwchben eu coesau. Dail a grawnwin yw'r ail ddelwedd, ac adar â gyddfau hirion yw'r drydedd. Beth yw'r tebygolrwydd fod y gwaith hwn wedi cael ei wneud gan Gymro neu Gymraes? 'Byddai'n braf medru dweud mai gwaith brenhines Brycheiniog neu ei

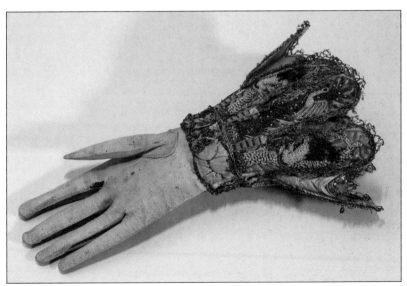

6 Maneg yn dangos brodwaith cain.

llawforynion oedd y dernyn hwn', meddai Marged Haycock. Dywed Peter Lord fod y brodwaith yn tystio i ddylanwad masnachol Cyfandirol ar ddeunyddiau llys Cymreig mor gynnar â'r ddegfed ganrif, ond awgrymir gan Hero Granger-Taylor a Frances Pritchard fod rhyw naws frodorol yn perthyn iddo yn ogystal:

> In addition there is a certain naivety in the drawing and one might be tempted to describe this as 'provincial' if it were not for the great skill shown in the execution of the embroidery, as well as in the constructional details.

Paham yr ymwrthodir â'r farn fod y Cymry yr un mor gywrain yn y grefft o frodio â rhai o arloeswyr yr *Opus Anglicanum*? Gwaith mawr proffesiynol oedd y gweithiau hynny, wrth gwrs, ond paham na allwn gynnig bod y Cymry hefyd ar eu haelwydydd yn brodio â nodwydd ar lefel ddi-dâl? Y mae'n ddigon posibl mai crefftwr o statws proffesiynol a wnaeth y darn, neu un o'r morynion, neu wraig Tewdwr ab Elisedd ei hun efallai. Rhaid cofio, o edrych ar ddatblygiad y grefft o wehyddu gwlân yng Nghymru, mai ar lefel ddomestig yn unig y cynhyrchid y 'brycan' brodorol i ddechrau; onid yw'n bosibl fod y grefft o greu brodwaith hefyd yn bodoli yn y cyfnod cynnar hwn?

O'r brethyn brith i'r damasg disglair, ac o'r brodwaith cynnil i dapestrïau Arras, bu'r cyfnod canoloesol yn gyfnod prysur a chyffrous iawn i'r gwëydd ac i'r masnachwr a'r teiliwr. Bu hefyd yn gyfnod cyffrous i'r beirdd a oedd mor barod i dynnu sylw at ddiddordebau eu noddwyr, yn enwedig o ganol y bedwaredd ganrif ar ddeg ymlaen. A chyda darganfyddiadau prin fel yr un yn Llan-gors yn dod i'r wyneb, gallwn ninnau ymhyfrydu yn y ffaith fod Cymru yn yr Oesoedd Canol yr un mor fentrus o ran ei defnydd o decstiliau â gwledydd Ewropeaidd eraill.

DARLLEN PELLACH

Elisabeth Crowfoot, Frances Pritchard a Kay Staniland, *Textiles and Clothing c.1150–1450* (Llundain, 2001).

Ruth Geuter, '"The Silver Hand": Needlework in Early Modern Wales' yn Simone Clarke a Michael Roberts (goln.), *Women and Gender in Early Modern Wales* (Caerdydd, 2000).

Hero Granger-Taylor a Frances Pritchard, 'A fine quality insular embroidery from Llangors Crannog, near Brecon' yn Mark Redknap, S. Youngs, A. Lane a J. Knight (goln.), *Pattern and Purpose in Insular Art* (Rhydychen, 2001).

Marged Haycock,'Defnydd Hyd Ddydd Brawd: Rhai Agweddau ar Ferched ym Marddoniaeth yr Oesoedd Canol' yn Geraint H. Jenkins (gol.), *Cymru a'r Cymry 2000* (Aberystwyth, 2001).

Bleddyn O. Huws (gol.), *Detholiad o Gywyddau Gofyn a Diolch* (Cyhoeddiadau Barddas, 1998).

J. Geraint Jenkins, *The Welsh Woollen Industry* (Caerdydd, 1969).

Heather Rose Jones, *Medieval Welsh Clothing to 1300* (Oakland, 1993).

Peter Lord, *Gweledigaeth yr Oesoedd Canol* (Caerdydd, 2003).

Ffransis G. Payne, *Guide to the Collection of Samplers and Embroideries* (Caerdydd, 1939).

Ann Sutton, *The Textiles of Wales* (Llundain, 1987).

DYLANWAD Y BEIBL
AR GYMRU YN Y CYFNOD
MODERN CYNNAR

Eryn M. White

Ond er pan ddaeth yr scrythyrau yn Gymraeg i'n plith, y mae'r helynt orau ar ein cenedl ni ac y fu ers llawer o genedlaethau.

Charles Edwards, *Y Ffydd Ddi-ffuant* (1677)

Pasiwyd dwy ddeddf o bwys eithriadol yn hanes yr iaith Gymraeg yn ystod yr unfed ganrif ar bymtheg, sef Deddf Uno 1536, a wnaeth y defnydd o'r iaith Saesneg yn hanfodol ar gyfer gweinyddu llywodraeth a barn yng Nghymru, a Deddf Cyfieithu'r Ysgrythur i'r Gymraeg ym 1563. Ceir awgrym yn y naill a'r llall o'r rhagdybiaeth y byddai'n fuddiol i'r Cymry yn y pen draw roi heibio'r heniaith a oedd yn eu tynghedu i drigo mewn anwybodaeth a thywyllwch, er mwyn mabwysiadu Saesneg at y dyfodol. Er gwaethaf hynny, i raddau helaeth drwy gydol y Cyfnod Modern Cynnar, y prif gymhelliad dros ddysgu Saesneg oedd y math o uchelgais cymdeithasol ac economaidd a oedd yn parhau y tu hwnt i gyrraedd mwyafrif y Cymry. Yr unig gymhelliad dros ddarparu addysg i bobl Cymru a oedd yn berthnasol i'r gymdeithas gyfan oedd yr angen i ledu gwybodaeth grefyddol. Os nod addysg oedd diogelu eneidiau rhag mynd i ddifancoll, yna yr oedd rheidrwydd Cristnogol i sicrhau bod yr hyfforddiant ar gael i bob enaid, bonedd a gwrêng, gwryw a benyw. Felly, er bod Deddf 1563 wedi mynegi'r gobaith y byddai cael Beibl Cymraeg yn annog y Cymry i droi at yr un Saesneg yn ogystal, yn yr hir dymor profodd y Beibl yn hytrach yn sylfaen anhepgor ar gyfer datblygu darllenwyr y Gymraeg yn ysgolion elusennol y cyfnod. Y cyfiawnhad cyson mewn ymateb i unrhyw feirniadaeth o'r defnydd o'r Gymraeg mewn print ac fel cyfrwng addysg oedd y ffaith syml na allai mwyafrif helaeth y boblogaeth ddeall unrhyw iaith arall a bod yr iaith o ganlyniad yn gwbl angenrheidiol er mwyn lledu gwybodaeth grefyddol. Y ddadl hon, na ellid yn hawdd ei nacáu, oedd y sail i lawer o gyraeddiadau pennaf y cyfnod ym maes y diwylliant argraffu a thwf llythrennedd.

Bedair blynedd ar ôl pasio Deddf 1563 ymddangosodd y Testament Newydd yn Gymraeg, yn bennaf drwy lafur

Testament

Newydd ein Arglwydd

JESV CHRIST.

Gwedy ei dynnu, yd y gadei yr ancyfia=
ith, air yn ei grlpdd or Groec a'r Llatin, gan
newidio ffurf llythyren y gairiae-dodi. Eb law hyny
y mae pop gair a dybitwyt y bot yn andeallus,
ai o ran llediaith y 'wlat, ai o ancynefin=
der y debnydd, wedy ei noti ai eg=
lurhau ar 'ledempl y tu da=
len gydrychiol.

bot golauni ir byt, a' charu o ddynion y tywyllwch

Matheu x iii,f.
Gwerthwch a veddwch o rudd
(Ll'yma'r Man lle mae'r nodd
Ac mewn ban engen ry bydd)
I gael y Perl goel hap wedd.

---

7 Tudalen deitl Testament Newydd 1567
(Cyfieithiad William Salesbury).

William Salesbury, gyda chymorth yr Esgob Richard Davies a Thomas Huet. Gwaetha'r modd, er bod cyfieithiad 1567 yn un clodwiw yn y bôn, amharwyd arno gan rai o arferion ieithyddol hynod Salesbury, gan gynnwys ei duedd i Ladineiddio'r sillafu ac i anwybyddu'r treiglad trwynol. Bu'n rhaid aros tan 1588 nes i'r Beibl cyfan ymddangos yn sgil gwaith arwrol William Morgan. Tacluswyd orgraff Testament Salesbury a sicrhawyd cyfieithiad gofalus a graenus. Bwriadai Morgan ei hun adolygu a chywiro'r gwaith, fel y dengys ei fersiwn newydd o'r Llyfr Gweddi Gyffredin ym 1599, ond collwyd y llawysgrif ar gyfer y Testament Newydd a bu Morgan farw heb gyflawni'r addasiadau. Cwblhawyd fersiwn newydd o'r Beibl yn hytrach gan Dr John Davies, Mallwyd, a'r Esgob Richard Parry ym 1620, er nad yw'n gwbl amlwg sut y rhannwyd y gwaith rhyngddynt. Addaswyd y gwaith gyda golwg ar y Beibl Saesneg awdurdodedig a oedd wedi ymddangos ym 1611 ac er mwyn cywiro rhai llithriadau yn fersiwn William Morgan. Beiblau pulpud oedd yr argraffiadau cynnar hyn, wedi eu bwriadu i ddiwallu anghenion eglwysi plwyf Cymru. Gyda chyhoeddi'r 'Beibl Bach Coron' ym 1630 cafwyd yr ymgais gyntaf i ddarparu copïau cymharol rad a hwylus i unigolion eu darllen, er mai dim ond tua 1,500 o gopïau a argraffwyd. Parhaodd yr ymgyrch i gyflenwi cartrefi'r Cymry gyda nawdd yr Ymddiriedolaeth Gymreig, a fu'n gyfrifol am gynhyrchu argraffiad o'r Beibl ym 1678, a'r Gymdeithas er Taenu Gwybodaeth Gristnogol (SPCK) a fu'n noddi sawl argraffiad yn ystod y ddeunawfed ganrif.

Tan y ddeunawfed ganrif argraffwyd y Beibl Cymraeg yn Lloegr, gan amlaf yn Llundain, oherwydd bod y gyfraith yn cyfyngu'r hawl i sefydlu gweisg i Lundain, Rhydychen a Chaer-grawnt yn unig. Hyd yn oed pan laciwyd yr amodau hyn ym 1695 yr oedd y dasg o gynhyrchu llyfr mor swmpus a oedd yn galw am gynifer o gopïau y tu hwnt i adnoddau y rhan fwyaf o dai argraffu cymharol fychan Cymru. Nid tan

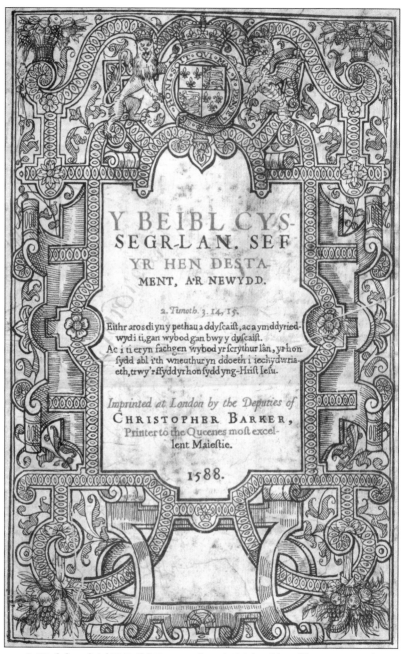

Y BEIBL CYS-SEGR-LAN. SEF YR HEN DESTA-MENT, A'R NEWYDD.

2. Timoth. 3. 14, 15.

Eithr aros di yn y pethau a ddyſcaiſt, ac a ymddyried-
wyd i ti, gan wybod gan bwy y dyſcaiſt.
Ac i ti eryn fachgen wybod yr ſcrythur lân, yr hon
ſydd abl i'th wneuthur yn ddoeth i iechydwria-
eth, trwy'r ffydd yr hon ſydd yng-Hriſt Ieſu.

Imprinted at London by the Deputies of
CHRISTOPHER BARKER,
Printer to the Queenes moſt excel-
lent Maieſtie.

1588.

8 Tudalen deitl Y Beibl Cyssegr-lan, 1588 (Beibl William Morgan).

1770, felly, y cyhoeddwyd y Beibl yng Nghymru am y tro cyntaf, sef yr argraffiad cyntaf o 'Feibl Peter Williams', a gynhyrchwyd gan argraffwasg John Ross yng Nghaerfyrddin. Cynhyrchwyd tri argraffiad arall o Feibl Peter Williams yng Nghaerfyrddin cyn diwedd y ganrif, ynghyd ag un argraffiad o fersiwn (a adwaenid fel 'Beibl John Canne') a olygwyd gan Williams ar y cyd â David Jones drwy argraffwasg Trefeca. Y mae'n rhaid fod argraffu yng Nghymru wedi lleihau costau a hwyluso'r proses o ddosbarthu gan fod cwynion niferus wedi bod cyn hynny fod wythnosau os nad misoedd yn mynd heibio cyn i gopïau o argraffiad newydd gyrraedd rhannau gorllewinol y wlad. Cafwyd datblygiadau pwysig yn hanes cyhoeddi'r Ysgrythurau Cymraeg yn ystod y Cyfnod Modern Cynnar, felly, gan adeiladu ar sylfeini'r ddeddf a basiwyd ym 1563.

Byrdwn cyson diwygwyr Protestannaidd cynnar Cymru oedd yr anhawster enbyd a wynebent wrth geisio argyhoeddi pobl o sylfeini'r ffydd newydd heb fod ganddynt Feibl Cymraeg yn sylfaen i'w gweithgarwch. Dadleuai William Salesbury a'r Esgob Richard Davies y bu'r Ysgrythurau unwaith ar gael yn y Gymraeg a bod llu o ymadroddion a diarhebion yn yr iaith yn ategu'r ffaith honno, ond trwy ddamwain ac esgeulustod yr oedd y cyfieithiadau hyn wedi mynd ar goll. Cyflwynwyd Testament Newydd 1567 i'r Cymry gan Richard Davies fel modd iddynt ailafael yn ffydd eu cyndeidiau. Eto, hyd yn oed ar ôl ymddangosiad y Testament Newydd a'r Llyfr Gweddi Gyffredin ym 1567, bu absenoldeb Beibl cyfan tan 1588 yn destun gofid i Brotestaniaid pybyr. Cyfeirient yn aml at yr anhawster a wynebid wrth geisio pregethu heb fod ganddynt yr Ysgrythur yn yr iaith frodorol yn sylfaen ac yn ffynhonnell ar gyfer iaith a geirfa briodol. Dyna neges John Penry yn ei *Treatise containing the Aequity of an Humble Supplication* ym 1587 pan gwynai fod clerigwyr Cymru fel cŵn mudion yn methu â phregethu oherwydd diffyg Beibl Cymraeg cyfan i'w

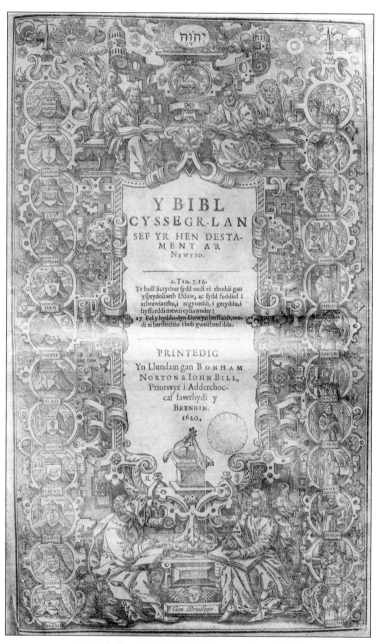

9 Tudalen deitl Y Beibl Cyssegr-lan, 1620
(Beibl Richard Parry a John Davies).

cynorthwyo. Serch hynny, awgrymai William Morgan yn ei ragair ym 1588 fod y Testament Newydd a'r Llyfr Gweddi Gyffredin eisoes wedi gwella'r sefyllfa yn sylweddol:

> fe wnaed cyfraniad o'r mwyaf tuag at y gwaith o hyfforddi yn y gwirionedd a thuag at ddod yn hyddysg yn y gwirionedd. Oblegid cyn hynny, o'r braidd fod un neu ddau o ddynion a fedrai bregethu yn y Frytaneg, gan fod geiriau addas ar gyfer egluro yn y Frytaneg y dirgeledigaethau sanctaidd a drafodir yn yr Ysgrythurau Sanctaidd naill ai wedi diflannu'n llwyr, fel pe bai dyfroedd Lethe wedi eu dileu, neu wedi bod yn gorwedd, fel pe baent wedi'u cuddio a'u claddu o dan lwch anarfer.

Yr oedd yn naturiol iddo, yn y cyflwyniad hwn i Elisabeth I, geisio dangos ei awydd i'w hargyhoeddi o'r daioni a gyflawnwyd eisoes drwy gyfrwng Deddf 1563 a'i chanmol am y canlyniadau buddiol hynny, ond pwysleisiai hefyd y modd y dioddefai'r Cymry yn absenoldeb yr Hen Destament yn Gymraeg:

> pa sawl esiampl (gwae ni!) sydd yn guddiedig rhagddynt? pa sawl addewid sy'n llechu o'u golwg hwy? pa sawl gair cysurlon sydd wedi ei gelu oddi wrthynt? Pa sawl cyngor, anogiad a rhybudd, pa sawl tystiolaeth i'r gwirionedd, y mae'n pobl ni, yn groes i'w hewyllys, yn eu colli . . . Y mae eu hiachawdwriaeth dragwyddol hwy – sy'n atgas gan Satan yn unig, a'i lu ef – wedi ei pheryglu'n ddirfawr hyd yma, gan mai trwy ffydd y mae pob un yn byw, a ffydd yn wir sydd trwy glywed, a chlywed trwy Air Duw: Gair na fu hyd yma ond o'r braidd yn seinio yng nghlustiau ein cydwladwyr, gan ei fod yn guddiedig mewn iaith estron.

Pwysleisiodd bwysigrwydd clywed y Gair, gan y gwyddai mai dyna'r prif fodd o gyrraedd poblogaeth anllythrennog.

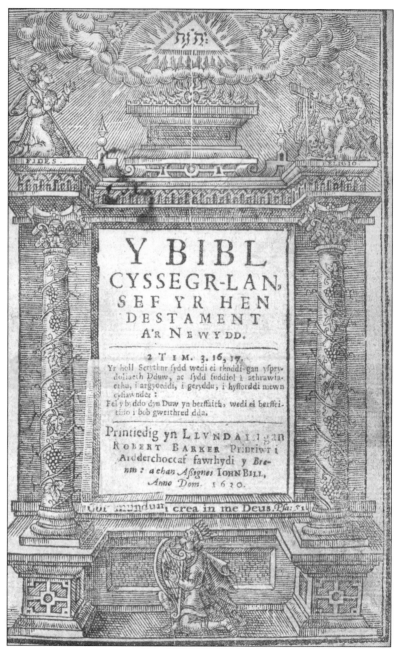

Y BIBL
CYSSEGR-LAN,
SEF YR HEN
DESTAMENT
A'R NEWYDD.

2 TIM. 3. 16, 17.
Yr holl Scrythur fydd wedi ei rhoddi gan yfpry-
doliaeth Dduw, ac fydd fuddiol i athrawia-
ethu, i argyoeddi, i geryddu, i hyfforddi mewn
cyfiawnder :
Fel y byddo dyn Duw yn berffaith, wedi ei berffei-
thio i bob gweithred dda.

Printiedig yn LLVNDAIN gan
ROBERT BARKER Printiwr i
Arдderchoccaf fawrhydi y Bre-
nin : a chan Affignes IOHN BILL,
Anno Dom. 1630.

Cor mundum crea in me Deus. Pſa: 51

10 Tudalen deitl Beibl Cymraeg 1630 (Y Beibl bach coron).

Mynegai'r gobaith y byddai cyhoeddi'r Beibl yn sicrhau cyflenwad o bregethwyr a gwrandawyr mwy astud yn y dyfodol.

Er gwaethaf y gwelliannau a ragwelid o ran pregethu, gyda threigl amser ac ar sail profiad blin daethpwyd i sylweddoli mai annigonol hefyd oedd pregethu i wrandawyr nad oedd ganddynt wybodaeth sylfaenol o'r Ysgrythur oherwydd na fedrent ddarllen y Gair drostynt eu hunain. Yn wyneb yr ymwybyddiaeth hon datblygodd galwadau i ddatrys y broblem barhaus fod anllythrennedd yn rhemp drwy'r wlad. Nododd Richard Davies yn ei ragair i'r Testament Newydd ym 1567 nad 'gwaith undydd unnos' fyddai ennill 'teyrnas faith boblog i ffydd Crist' yn y lle cyntaf ac, yn wir, profodd y dasg o droi'r Cymry at y ffydd Brotestannaidd yn un hirfaith. Mewn gwlad Brotestannaidd ddelfrydol byddai pob un o'r trigolion yn gallu darllen Gair Duw a dod i'w penderfyniadau eu hunain ynglŷn â'u daliadau crefyddol ar ôl myfyrio dros y darllen hwnnw. Ond yr oedd Cymru yn yr unfed a'r ail ganrif ar bymtheg yn parhau'n bell iawn o'r darlun delfrydol hwnnw. Ychydig iawn o bobl a allai ddarllen y Beibl na fforddio prynu copi ohono. Tua mil o gopïau o'r Beibl a argraffwyd ym 1588 a'r un faint, yn ôl pob tebyg, ym 1620. Cyhoeddwyd digon, felly, i gyflenwi pulpudau eglwysi plwyf ond nid i ddarparu ar gyfer holl aelwydydd y wlad. Nododd Huw Lewys yn rhagair ei gyfieithiad *Perl Mewn Adfyd* (1595) fod y Beibl, er mor fuddiol ydoedd, 'yn gloedic yn yr Eglwysi, lle nid oes cyrchfa atto namyn unwaith yn yr wythnos (a hynny sywaeth yn ddiog gann lawer)'. Er bod crefyddwyr pybyr yn annog eu cyd-Gymry i werthu eu crysau er mwyn prynu'r Beibl, byddai angen crys go werthfawr i ennill y bunt a roddwyd yn bris ar gopi o Feibl 1588. Wrth drafod hanes cyfieithu'r Beibl yn *Y Ffydd Ddi-ffuant* (1677) awgrymodd Charles Edwards fod cost uchel y Beibl wedi ei gaethiwo i'r eglwysi ac mai ychydig iawn o'r Cymry a oedd â Beibl ar yr aelwyd. Y mae'n debyg fod hyd yn oed y goron a oedd ei angen i brynu 'Beibl Bach' 1630 yn draul amhosibl o fawr ar bocedi llawer o'r werin-bobl. Hyd yn oed wedi ennill cyfieithiad safonol, felly, parhâi'r ymgyrch i ddwyn y cyfieithiad hwnnw allan o'r pulpud i gartrefi a dwylo pobl Cymru benbaladr. Yn *Llyfr y Tri Aderyn* (1653) addasodd Morgan Llwyd adnod allan o Hosea 4:6 i gyfleu ei ofid ynghylch y sefyllfa: 'Ac (medd Duw) fy mhobl i yng Nghymru a ddifethir o eisiau gwybodaeth.' Yn nhyb llawer o ysgolheigion Protestannaidd, ni fyddai Cymru yn wlad Gristnogol hyd nes y llwyddai yr ymgyrch i feithrin darllenwyr yn hytrach na gwrandawyr y Gair yn unig.

Yn y cyfamser profai cerddi a chaneuon hawdd eu cofio yn fodd ymarferol o ledu gwybodaeth ymhlith y sawl na allai ddarllen cynnwys yr Ysgrythurau. Yr enghraifft amlycaf gyntaf o'r duedd hon oedd y Salmau Cân a gwblhawyd gan Edmwnd Prys, hen gyfaill William Morgan ac archddiacon Meirionnydd, ym 1621. Credai Prys fod cerddi rhydd yn haws i'w dysgu: 'pob plant, gweinidogion, a phobl annyscedic a ddyscant benill o garol, lle ni allai ond ysgolhaig ddyscu Cywydd neu gerdd gyfarwydd arall'. Cafwyd prawf o'i ddamcaniaeth yng ngwaith y Ficer Rees Prichard. Ymddangosodd rhai o gerddi'r Ficer Prichard mewn print am y tro cyntaf ym 1658, a chafwyd casgliad cymharol gyflawn ohonynt ym 1672, ond ym 1681 y cyhoeddwyd y casgliad sy'n dwyn y teitl adnabyddus *Canwyll y Cymry*. Ar lafar y taenid y penillion hyn yn bennaf yn ystod yr ail ganrif ar bymtheg, serch hynny, ac nid trwy eu darllen. Diolch i'w mydr a'u hodl, yr oeddynt yn hawdd eu hadrodd a'u cofio ac fe'u dysgid ar y cof gan lawer o bobl anllythrennog. Yn y dull hwn, lledwyd gwybodaeth am rai o wirioneddau'r Beibl a'i gymeriadau. Ceisiwyd cyflawni rhywbeth tebyg gan Richard Jones, cyn-ficer Llanfair Caereinion, sir Drefaldwyn, gŵr a gollodd ei fywoliaeth yn ystod cyfnod y Werinlywodraeth. Yn y gobaith o droi segurdod anorfod yn brofiad cadarnhaol,

lluniodd ddwy gyfrol yn crynhoi neges y ddau Destament ar
ffurf canu rhydd, sef *Testûn Testament Newydd ein
Harglwydd a'n Jachawdwr Jesu Grist* (1653) a *Perl y Cymro:
Neu Cofiadur y Beibl* (1655). Digon mecanistaidd a thrwsgl
yw'r rhain, serch hynny, er iddo lwyddo yn ei nod o greu
crynodeb o gynnwys pob pennod fesul pennill, ac nid yw'n
syndod na chafodd y cyfrolau yr un llwyddiant â gwaith y
Ficer Prichard.

Erbyn y ddeunawfed ganrif cafwyd cynnydd pellach yn y
defnydd o gerddi crefyddol yn sgil datblygiad yr halsingod yn
y de-orllewin yn arbennig ac yna dwf poblogrwydd emynau
ymhlith cynulleidfaoedd Methodistaidd ac Anghydffurfiol.
Yn ei ragair i'w gasgliad o emynau *Ffarwel Weledig* (1763)
gofidiai William Williams fod gormod yn ceisio saernïo
emynau heb fod ganddynt y profiad, yr ysbryd a'r wybodaeth
o'r Ysgrythur a oedd yn angenrheidiol ar gyfer hynny.
Cynnwys ei gyngor i ddarpar emynwyr y geiriau canlynol:

> darllenent drachefn a thrachefn lyfrau y Prophwydi, a'r
> Salmau, y Galarnad, y Caniadau, Job, a'r Dadguddiad, y
> rhai sydd nid yn unig yn llawn o ehediadau prydydiaeth,
> troell-ymadroddion, amrywioldeb, esmwythder iaith, a
> chyffelybiaethau bywiog, ond ag ysbryd hefyd ag sydd
> yn enyn tân, zel, a bywyd yn y darllenydd tu hwnt (am
> mai llyfrau Duw y'nt) i bob llyfrau yn y byd.

Y mae lle i gredu y byddai Ann Griffiths wedi cytuno â'r
cyngor hwn, gan iddi hithau hefyd ei thrwytho ei hun yn
iaith yr Ysgrythur. Adlewyrchir hyn yn eglur yn ei
hemynau, sy'n frith o gyfeiriadau Beiblaidd. Soniai'n fynych
hefyd yn ei llythyrau am amryw adnodau a fu o gymorth a
chysur iddi ar adegau arbennig. Ni allai lai na diolch fod
adrannau o'r Beibl ar gael ar gyfer pob cyflwr ysbrydol:
'Diolch byth am fibl yn ffitio cyflwr wedi mynd mor ddyfn
. . . rhiw fraint fawr yw bod cyflwr ar gael yngwyneb gair
Duw o am ei ddal yn y drych Sanctaidd.' Oherwydd hynny,

meddai, 'y mae rhwymau arnaf i fod yn ddiolchgar am y
Gair yn ei awdurdod anorchfygol mi a ddymunwn o'm calon
roi'r clod i gyd i Dduw'r gair yn unig am fy nwyn a'm dal
hyd yma'.

Yn ystod y ddeunawfed ganrif gwireddwyd gobeithion
crefyddwyr y byddai cyfran helaethach o'r Cymry cyffredin
yn dysgu darllen y Beibl. Prif fwriad ymgyrchoedd addysgol
Deddf Taenu'r Efengyl yn Amgenach yng Nghymru (1650–3),
yr Ymddiriedolaeth Gymreig (1674–81) a'r Gymdeithas er
Taenu Gwybodaeth Gristnogol neu'r SPCK (1699–) oedd
dysgu plant i ddarllen a gwerthfawrogi Gair Duw. Er
gwaethaf hynny, yr oedd y ffaith fod yr ysgolion hyn fel rheol
yn dysgu drwy gyfrwng y Saesneg yn anochel yn cyfyngu ar
eu dylanwad. Nid oes amheuaeth nad y datblygiad mwyaf
arwyddocaol o ran twf llythrennedd poblogaidd yn ystod y
Cyfnod Modern Cynnar oedd sefydlu'r ysgolion cylchynol
gan Griffith Jones, Llanddowror, yn y 1730au. Rhwng
cychwyn cyhoeddi'r adroddiad blynyddol *Welch Piety* ym
1737 a marw Griffith Jones ym 1761 hyfforddwyd dros
200,000 o ddisgyblion yn yr ysgolion hyn, gyda'r pwyslais ar
feistroli darllen y Beibl. Parhawyd â'r ysgolion dan
oruchwyliaeth fedrus Madam Bridget Bevan hyd nes ei
marwolaeth hithau ym 1779. Darparwyd addysg yn rhad ac
am ddim i bobl o bob oed a statws cymdeithasol, gan
gynnwys dynion a menywod fel ei gilydd. Dyma'r cyfle
cyntaf a gafodd llawer o aelodau'r haenau canol ac is yng
Nghymru i dderbyn unrhyw fath o hyfforddiant, a gwnaeth
yr ysgolion teithiol hyn gyfraniad pwysig at greu cenedl fwy
darllengar a hyddysg yn yr Ysgrythurau.

Er gwaethaf y cynnydd yn y nifer a allai ddarllen yr
Ysgrythur, yr oedd y ffaith nad oedd pawb yn abl i'w
hamgyffred a'i dehongli heb ryw fath o arweiniad i rai o'r
adrannau mwyaf astrus yn parhau yn destun gofid. Cafwyd
sawl ymgais i ateb y galw hwn. Cyhoeddodd Thomas Jones,
o'i argraffwasg yn Amwythig, holiadur a oedd yn crynhoi ac

yn crisialu cynnwys y Beibl yn hwylus i ddarllenwyr, sef *Atcofiad o'r Scrythur* (1704). Fel esboniad y lluniodd Peter Williams ei Feibl ym 1770. Cynhwysodd nodiadau ar y testun er mwyn cynorthwyo ei ddarllenwyr, oherwydd teimlai fod llawer ohonynt, er eu bod yn gallu darllen y Beibl, yn cael anhawster i'w ddeall. Fe'u dychmygai yn holi mewn perthynas â'r Ysgrythur, 'Dyma gneuen ragorol, ond pwy a'i tyrr? Dyma fara nefol, ond pwy a'i cyfranna i ni?' Canlyniad y sefyllfa hon oedd cynnydd yn nifer y cyhoeddiadau a geisiai dorri'r gneuen hon ar gyfer darllenwyr nad oeddynt wedi derbyn llawer o addysg, ac eithrio hyfforddiant sylfaenol i ddysgu darllen. Wrth i'r nifer a allai ddarllen a deall drostynt eu hunain gynyddu, gwelid hefyd rai o effeithiau hir dymor y cyfieithiad Cymraeg o'r Beibl yn eu hamlygu eu hunain. Beth, felly, oedd natur ei ddylanwad ar bobl Cymru?

Anodd dirnad natur ymateb y Cymry cyffredin, anllythrennog i'r profiad o glywed Cymraeg godidog ac urddasol Beibl William Morgan am y tro cyntaf, er bod y croeso brwd o du'r beirdd yn awgrymu i'w hadwaith fod yn ffafriol. Rhydd ysgolheigion y cyfnod yr argraff fod y boblogaeth yn gyffredinol yn debygol o gael Beibl 1588 yn hawdd ei ddeall gan iddo hepgor rhai o arferion ieithyddol annerbyniol William Salesbury. Yn ei gofiant i William Tyndale mynnodd David Daniell fod y gŵr hwnnw, drwy gyfieithu'r Testament Newydd i'r Saesneg am y tro cyntaf, wedi 'creu iaith i Loegr', a gellid awgrymu bod William Morgan wedi cyflawni gorchwyl tebyg ar gyfer Cymru. Yn y tymor byr yr oedd y dylanwad i'w weld yn amlycach ar lenorion a haneswyr oherwydd dyma'r rhai a adawodd dystiolaeth ysgrifenedig o'r modd yr effeithiodd y cyfieithiad arnynt. Fel y sylwodd Glanmor Williams a Branwen Jarvis, hybodd bodolaeth y Beibl allu ac awydd ysgolheigion i ysgrifennu yn Gymraeg, gan arwain at gynnydd yn nifer y llyfrau a gyhoeddwyd yn yr iaith. Yn ôl

tystiolaeth Siôn Dafydd Rhys, yr oedd y Gymraeg wedi cael
'peth gwrtaith gan wyrda dysgedig o'n hamser ni, a hynny
yn enwedig o ran Cymreicáu corff yr Ysgrythur Lân'.
Ysbrydolwyd awduron i gynhyrchu gweithiau crefyddol yn
enwedig, gan gynnwys nifer o gyfieithiadau megis *Deffyniad
Ffydd Eglwys Loegr* gan Morris Kyffin (1595), *Perl Mewn
Adfyd* Huw Lewys (1595) a *Llyfr y Resolusion* John Davies
(1632). Yn ogystal, symbylwyd awen cenedlaethau o feirdd,
llenorion ac emynwyr Cymraeg eu hiaith.

    Profodd y Beibl hefyd yn ddylanwadol o ran y modd yr
ysgrifennwyd hanes cenedl y Cymry a'r iaith Gymraeg yn
ystod y Cyfnod Modern Cynnar. Un o'r rhwystrau pennaf a
wynebai Protestaniaeth oedd y syniad ei bod yn ffydd
newydd ac estron a orfodwyd ar y Cymry oddi uchod ac oddi
allan. Y cyntaf i lunio dadl i wrth-ddweud y gred hon oedd
Richard Davies yn ei ragair i'r Cymry ar ddechrau Testament
Newydd 1567. Darn celfydd o bropaganda oedd y gwaith
hwn a bortreadodd Brotestaniaeth fel adferiad o'r hen Eglwys
Geltaidd cyn iddi gael ei llygru, yn nhyb Davies, gan
ddylanwad Rhufain. Defnyddiodd yr hen chwedl mai Joseff o
Arimathea, gŵr dylanwadol a oedd yn un o ddilynwyr Crist,
a gyflwynodd yr efengyl yn gyntaf i Ynysoedd Prydain. Yn ôl
traddodiad, hwyliodd i Brydain tua'r flwyddyn 60 O.C. gan
ddenu rhai o'r hen Frythoniaid, cyndeidiau'r Cymry, at y
gred Gristnogol fel yr oedd yntau wedi ei derbyn gan Grist ei
hun. Erbyn 180 O.C. yr oedd y brenin Lles ap Coel wedi
sefydlu'r ffydd yn swyddogol ym Mhrydain, ond bu'n rhaid
aros tan tua 600 O.C. i'r cenhadon cyntaf o Rufain gyrraedd i
bregethu ymhlith y Saeson, gan eu hennill i'r ffydd Babyddol.
Dywedir i'r Cymry ymwrthod â dylanwad Eglwys Rufain,
gan fynnu glynu wrth eu ffydd a'u harferion traddodiadol nes
i'r Saeson eu gorchfygu a'u gorfodi i dderbyn goruchafiaeth
Rhufain. Dros y canrifoedd collwyd purdeb yr efengyl
wreiddiol honno a gyflwynwyd i'r Brythoniaid wrth i'r
Eglwys Babyddol wyro oddi wrth hanfodion y ffydd

Gristnogol. Yn awr, dadleuai Davies, dyma gyfle euraid i'r Cymry ailgydio yn eu hen ffydd drwy gyfrwng yr Eglwys Brotestannaidd a oedd yn cefnu ar draddodiadau llygredig Rhufain ac yn dychwelyd at symlrwydd a diffuantrwydd y Gristnogaeth wreiddiol. Dylai'r Cymry, felly, ymfalchïo mai hwy oedd y cyntaf ymhlith pobloedd Ynysoedd Prydain i dderbyn Cristnogaeth a chroesawu'r cyfle i adfer eu treftadaeth ysbrydol. Yn ôl y dehongliad hwn, yr oedd Pabyddiaeth yn grefydd newydd ac estron a Phrotestaniaeth yn cynrychioli'r hen ffydd gynhenid Gymreig. Anogwyd y Cymry gan Davies i dderbyn y Testament Newydd Cymraeg yng ngoleuni'r dehongliad hwnnw:

> Cymer ef ith law, fymrawd, a darllain: yma i cei welet ple i buosti gynt, yma i cei ymgydnabot ath hen ffydd, ar Christynogaeth ganmoladwy oedd cenyt gynt. Yma i cei'r ffydd a ymddiffynaist hyd at y tan a'r cleddyf, ac i merthyrwyt dy crefyddwyr ath rei dyscedig gynt yn i chweryl.

Er mai clwstwr bychan o ysgolheigion yn bennaf a allai ddarllen a deall y neges hon, bu'r rhain yn ddylanwadol iawn o ran parhad y myth. Mabwysiadwyd y fersiwn hwn o hanes yn bur esmwyth ac fe'i hailadroddwyd droeon am genedlaethau. Yn y modd hwn crëwyd y syniad o gyswllt traddodiadol rhwng y ffydd Brotestannaidd a'r iaith Gymraeg a fyddai'n magu nerth yn y blynyddoedd i ddod, yn enwedig gan fod cyfieithu'r Ysgrythur a'r defnydd o'r Gymraeg mewn addoli cyhoeddus yn ymddangos yn brawf ymddangosiadol o'r cysylltiad hwnnw.

Mynegwyd y dehongliad Protestannaidd hwn o hanes Cymru gan awduron drwy gydol y Cyfnod Modern Cynnar. Cyfeiriodd Morgan Llwyd, er enghraifft, yn *Llyfr y Tri Aderyn* at hanes Lles ap Coel a'r 'Brytaniaid a safasant hyd angau dros y ffydd gywir'. Porthwyd y diddordeb yn y dehongliad Protestannaidd gan argraffiad newydd o waith Richard

Davies, a gyhoeddwyd – ynghyd ag ail argraffiad o gyfieithiad Morris Kyffin o waith yr Esgob John Jewel, *Deffyniad Ffydd Eglwys Loegr* – dan y teitl *Dadseiniad Meibion y Daran* ym 1671. Ymddangosodd traethawd Davies hefyd fel cyhoeddiad ar wahân ym 1774, gydag adargraffiad ym 1778, wedi ei olygu gan Peter Williams, yn dwyn y teitl *Llythyr y gwir Barchedig Dad yn Nuw, Rysiart Davies . . . at y Cymry*. Y mae'n ddigon posibl fod y gwaith, o ganlyniad, wedi llwyddo i gyrraedd cynulleidfa ehangach nag a wnaeth yn ystod yr unfed ganrif ar bymtheg. Ond gyda chyhoeddi gwaith Charles Edwards, *Y Ffydd Ddi-ffuant*, y gwelwyd yr apêl bennaf at y fersiwn hwn o hanes. Ymddangosodd yr argraffiad cyntaf o'r llyfr hwn ym 1667. Hanes crefydd o safbwynt Protestannaidd a gafwyd ynddo, ac yr oedd yn drwm dan ddylanwad cyfrol John Foxe, *Actes and Monuments* neu 'Lyfr y Merthyron', a gyhoeddwyd gyntaf ym 1536. Ychydig iawn o sylw a roddwyd i Gymru yn yr argraffiad cyntaf hwn, heblaw am beth trafodaeth ar y rhai a ferthyrwyd yn ystod oes Mari Waedlyd ac ar bwysigrwydd cyfieithu'r Ysgrythur i'r Gymraeg. Ond adolygwyd y gwaith yn sylweddol ar gyfer yr ail argraffiad ym 1671 a'r trydydd ym 1677, gan roi llawer mwy o bwyslais ar hanes y ffydd yng Nghymru o ddyfodiad Joseff o Arimathea ymlaen. Deil Derec Llwyd Morgan fod Charles Edwards wedi dod ar draws rhagair Richard Davies ar ôl cyhoeddi'r gwaith y tro cyntaf a bod y fersiynau mwy diweddar yn dangos ôl damcaniaethau Davies. Hawdd credu hynny ar sail y newidiadau yng nghynnwys y gyfrol. Anogwyd y Cymry i adeiladu ar orchestion y gorffennol:

> Gwilia arnat yn ddyfal o Gymbro, rhag iti rwystro na digaloni adferiad y ffydd yn dy frô . . . yn hytrach gwnaed yr oes hon ei rhan yn adeiladu ar y sail ysgcrythyrol a osododd yr oes ddiwedda, ac yn cynnyddu'r gwaith a ddechreuwyd drwy gymmaint o anhawstra, fel *y torro goleuni Cymru allan fel y wawr, ac na ddiffodder ei phentewyn*.

Yn y ddeunawfed ganrif hefyd lluniwyd hanes Cymru yng ngoleuni'r wedd Brotestannaidd ar hanes a chyda'r Beibl fel ffynhonnell, yn enwedig drwy gyfrwng gwaith hynod ddylanwadol Theophilus Evans, *Drych y Prif Oesoedd*, a gyhoeddwyd gyntaf ym 1716 ac a ehangwyd eto yn argraffiad 1740. Cychwyn y llyfr â'r datganiad 'Testun gwylofain ydyw adrodd helbulon a gorthrymderau'r Cymru, ym mhob Oes a gwlâd er pan gymmyscwyd y Jaith yn Nhŵr Babel', sy'n awgrym eglur o'r modd y gosodwyd y gwaith yng nghyd-destun y Beibl. Olrheinir wedyn y modd y cosbwyd y Cymry am eu hamryfal bechodau drwy'r oesoedd, gan gyffelybu eu hanes i gaethglud yr Israeliaid ym Mabilon. Honnir bod Ynysoedd Prydain wedi eu gwladychu yn gyntaf yn sgil y dilyw mawr, y sonnir amdano yn Llyfr Genesis, gan Gomer mab Japheth mab Noa. Cynhwysodd Evans yn ogystal y chwedl sy'n cysylltu tarddiad cenedl y Cymry â Brutus o Gaerdroea, gor-ŵyr Aeneas, er bod y fersiwn hwn o hanes wedi ei danseilio gan ysgolheigion cyfnod y Dadeni. Yn ôl Evans, yr oedd Joseff o Arimathea nid yn unig wedi ymweld â'r hen Frythoniaid ond yr oedd yr Apostol Paul hefyd wedi cenhadu yn eu plith, gan gryfhau'r ddadl fod cyndeidiau'r Cymry wedi derbyn y grefydd Gristnogol yn ei phurdeb gan ddilynwyr pennaf Crist. Profodd gwaith Theophilus Evans yn hynod boblogaidd ac y mae'n fynegiant eglur o falchder y Cymry yn eu hetifeddiaeth Gristnogol a'r cwlwm a oedd yn cydio ynghyd eu hanes, eu crefydd a'u hiaith. Amlyga'r ffordd yr oedd y ffydd Brotestannaidd Anglicanaidd wedi ei derbyn yn rhan o hunaniaeth y genedl erbyn y ddeunawfed ganrif – tipyn o gamp, o gofio ei bod yn wreiddiol yn cael ei hystyried yn 'ffydd Saeson'.

Gan fod carfan fwy niferus o'r boblogaeth bellach yn gallu myfyrio uwchben llyfr a oedd yn brif awdurdod y grefydd Brotestannaidd, yr oedd mwy ohonynt yn gallu dehongli ei gynnwys mewn dulliau gwahanol. Gallai hyn

arwain at raniadau chwerw ar brydiau. Ar sail darllen y
Beibl, pleidiai rhai crefyddwyr y syniad o fedyddio babanod,
ond yr oedd carfan lai arall o blaid bedyddio oedolion.
Credai rhai mewn rhagetholedigaeth, tra condemniai eraill
y fath gred. Troes rhai Methodistiaid yn Arminiaid ac eraill
yn Galfiniaid. Nid yw'n ymddangos i'r Beibl Cymraeg
ddatblygu i fod yn 'faes y gad' yn yr un modd ag a
ddigwyddodd yn achos y Beibl Saesneg yn ystod yr ail ganrif
ar bymtheg, yn ôl awgrym Christopher Hill, ond
defnyddiwyd ei adnodau'n bur gyson i atgyfnerthu dadleuon
diwinyddol llosg. Cyfaddefodd Christmas Evans, a ddaeth
yn Fedyddiwr amlwg erbyn diwedd y ddeunawfed ganrif, ei
fod wedi chwilio'r Testament Newydd yn drwyadl er mwyn
dadlau yn erbyn arfer y Bedyddwyr o fedyddio oedolion. Ond
gan na chanfu ynddo unrhyw dystiolaeth argyhoeddiadol o
blaid bedyddio babanod ymunodd ag enwad y Bedyddwyr,
gan ennill enw ledled Cymru fel pregethwr nerthol a
dylanwadol.

Erbyn y ddeunawfed ganrif yn ogystal gwelwyd dylanwad
helaethach y Gair ar haenau canol ac is y gymdeithas, yn
enwedig yn sgil twf llythrennedd. Gan mai'r Beibl oedd y
prif werslyfr yn yr ysgolion cylchynol, a'r ysgolion Sul erbyn
diwedd y ganrif, nid yw'n rhyfedd fod dylanwad ei eirfa a'i
ymadroddion i'w glywed ar wefusau disgyblion. Nid yw'n
syndod ychwaith fod y dylanwad hwnnw i'w weld yn
amlwg ar y sawl a gyffrowyd gan bregethu efengylaidd y
Diwygiad Methodistaidd. Yng Nghasgliad Trefeca yn archif
y Methodistiaid Calfinaidd yn Llyfrgell Genedlaethol
Cymru ceir un o gasgliadau mwyaf y cyfnod o lythyrau a
luniwyd gan awduron cymharol ddi-nod o blith yr haenau
canol ac is, sef yr union fath o bobl a fyddai wedi derbyn
addysg yn ysgolion Griffith Jones. Ymhlith y tair mil a
rhagor o lythyrau, ceir oddeutu 390 yn Gymraeg. Er bod eu
gramadeg a'u hatalnodi yn fynych yn simsan, gwelir
ynddynt ryw fath o iaith seiat a oedd i raddau helaeth yn

seiliedig ar ieithwedd (farddonol ar adegau) yr Ysgrythurau ac a ddatblygwyd er mwyn trafod y gorfoledd a'r anobaith a fynegid drwy brofiadau ysbrydol. Er enghraifft, cyfeiriodd Ann Harry yn uniongyrchol at rai o ddamhegion y Testament Newydd, mewn llythyr ym 1746, drwy sôn am 'chwilio am y perl' a 'gweithio yn winllan yr Arglwydd'. Nid yw'r cyfeiriadau bob amser mor amlwg â hyn, ond clywir naws iaith y Beibl yn llawer o ryddiaith y llythyrwyr. Wrth ddisgrifio'r seiat Gymraeg yn Llundain ym 1742 dywedodd Morgan Richard, 'rydym yn cael ein Dywally a sugno o fron Cysyron'. Ceir enghraifft arall o'r math hwn o arddull yn llythyr Rees Thomas o Landdarog, a erfyniodd ar Howel Harris ym 1746 i ymweld â'r ardal:

> Y mae fy Enaid i ar holl frodyr yn hiraethu am Gael eich Gweled yn y Cnawd a chlywed eich Lleferydd Dros Arglwydd y Llyoedd yn llefaru wrthym yr ydwyfi yn gobiaithio na bydd ich Gael Llonyddwch hyd oni ddeloch yma i Ddyfyrhau y Plant parai yr Esgorasoch arnynt, y mae ymma weddiau taerion am ir Aglwydd eich Danfon gyda chyflawnder Bendithion y Cyfamod Newydd.

Nid geiriau a phriod-ddulliau yn unig a amlygai ddylanwad y Beibl, serch hynny, oherwydd yr oed llawer o gymeriadau beiblaidd hefyd yn ysbrydoliaeth i'r llythyrwyr. Cyfeiriai nifer o ferched y mudiad, er enghraifft, at Deborah fel un y gellid ei pharchu a'i hefelychu. Mewn gwrthgyferbyniad, gellir tybio bod cyfeiriad Daniel John o Lanfair Clydogau, sir Aberteifi, at ei 'Delilah' mewn llythyr at Howel Harris ym 1744 yn cyfleu natur atyniad y ferch a'r gwewyr a achosai.

Gwelid yr iaith Feiblaidd hon ar waith hefyd yn y dyddiaduron a'r hunangofiannau ysbrydol a dyfodd allan o gyffroadau crefyddol yr oes, ffurfiau llenyddol a ddibynnai'n drwm ar hunanymholiad dwys a difrifol. Ymdebygent i raddau i'r hanesion am dröedigaethau a fuasai mor boblogaidd ymhlith Piwritaniaid Lloegr ac America, ond eu bod yn fynych yn parhau â'r disgrifiadau o'r daith ysbrydol ymhell ar ôl y dröedigaeth wreiddiol. Gan mai Cymry uniaith oedd llawer o'r awduron, nid oedd ganddynt enghreifftiau o lenyddiaeth Saesneg i'w defnyddio fel canllaw. Felly, tueddent gan amlaf i ddefnyddio'r math o ymadroddion a glywid fwyfwy yn nhrafodaethau'r seiadau Methodistaidd ac yng nghyfarfodydd crefyddol yr Anghydffurfwyr, lle'r oedd y Beibl yn sylfaen i'r cyfan. Diogelwyd dyddiaduron Richard Tibbott a John Thomas, Tre-main, mewn llawysgrif, a chyhoeddwyd hunangofiant John Thomas, Rhaeadr Gwy, dan y teitl *Rhad Ras* (1810). Ynddo eglurodd fod y Testament Newydd wedi bod yn gydymaith cyson iddo a'i fod yn troi ato yn rheolaidd bob dydd. Câi gysur arbennig pan fyddai mewn cyfyng gyngor wrth ddarllen yr adnod, 'Ymostyngwch gan hynny dan alluog law Duw, fel y'ch dyrchefo mewn amser cyfaddas' (I Pedr 5:6). Nid rhyfedd ei fod hefyd, fel amryw o grefyddwyr y cyfnod, yn agor y Beibl, gan ddewis adnod ar hap er mwyn cael arweiniad gan Ragluniaeth ynglŷn â rhyw benderfyniad neu'i gilydd. Ac yntau'n ansicr a oedd wedi cael ei alw i bregethu, cafodd hyder newydd pan agorodd ei Destament Newydd a tharo ar yr adnod, 'A dywedwch wrth Archipus, Edrych ar y weinidogaeth a dderbyniaist yn yr Arglwydd, ar i ti ei chyflawni hi' (Colosiaid 4:17). Yn yr un modd, pan wahoddwyd Howel Harris i bregethu yn Aberteifi, ac yntau'n poeni oherwydd yr elyniaeth chwyrn a ddioddefasai mewn cynifer o drefi, fe'i cysurwyd gan yr adnod, 'Am hynny cyfod, disgyn, a dos gyda hwynt, heb amau dim oherwydd myfi a'u hanfonais hwynt' (Actau 10:20). Y mae'n amlwg fod modd dehongli llawer o adnodau yn ôl dymuniad yr unigolyn, ond credai rhai yn ffyddiog fod hwn yn ddull diffael o ddeall ewyllys Duw ac o ildio yn llwyr i'w arweiniad.

　　Câi'r Beibl ddylanwad cynyddol ar ddewis pobl o enwau personol yn ogystal. Wrth i'r ddeunawfed ganrif fynd yn ei blaen ac i'r boblogaeth ddod yn fwy hyddysg yn yr Ysgrythur cafwyd cynnydd yn nifer yr enwau bedydd ysgrythurol, a hynny'n fynych ar draul enwau mwy traddodiadol Gymreig. Ymddangosai'r enwau David, John, Thomas, Elizabeth, Mary a Sarah yn rheolaidd ar gofrestrau bedydd erbyn canol y ddeunawfed ganrif, ynghyd ag enwau llai cyffredin megis Benjamin, Enoc, Jehosophat, Levy, Moses, Nathaniel, Samuel, Abigail, Esther, Martha a Rhoda. Gan mai dyma'r union gyfnod pan welwyd cynnydd yn y duedd i fabwysiadu cyfenwau yn y dull Seisnig, cafodd poblogrwydd yr enwau Beiblaidd hyn effaith barhaol.

Deuai'r Cymry hefyd i adnabod daearyddiaeth Israel yn dda. Yn aml iawn byddai enwau lleoedd y Beibl yn magu ystyr symbolaidd. Yn y Beibl a olygwyd gan Moses Williams ar ran yr SPCK ym 1718 cynhwyswyd mapiau o gynefin yr Ysgrythurau am y tro cyntaf. Cynhyrchwyd ynddo ddau fap, y naill yn portreadu gwlad Canaan yng nghyfnod yr Hen Destament a'r llall yn olrhain teithiau'r apostolion yng nghyfnod y Testament Newydd. Atgynhyrchwyd y mapiau hyn yn argraffiad nesaf yr SPCK, wedi ei olygu eto gan Moses Williams, ym 1727. William Jones, mathemategwr o Ynys Môn a thad yr enwog Syr William Jones a oedd yn gyfrifol am gynhyrchu dau fap ar gyfer argraffiad Richard Morris o'r Beibl (1746), sef 'Teithiau Plant Israel yn yr Anialwch' a 'Teithiau yr Apostolion', a chafwyd caniatâd i gyhoeddi'r rhain eto ym Meibl Peter Williams ym 1770. Y canlyniad oedd fod gan bobl Cymru yn ystod y ddeunawfed ganrif fwy o gyfle i weld map o Ganaan nag o'u gwlad eu hunain, ac nid yw'n syndod fod hynny wedi cael dylanwad cryf arnynt. Yr oedd y defnydd o fapiau yn ddatblygiad synhwyrol gan ei fod yn galluogi darllenwyr i leoli rhai straeon ysgrythurol yn eu cyd-destun daearyddol. Ond nid arwyddocâd daearyddol yn unig a oedd i'r mannau Beiblaidd hyn, serch hynny, gan eu bod yn cael eu defnyddio'n fwyfwy cyson gan feirdd, emynwyr ac addolwyr cyffredin er mwyn

cyfeirio at gyflwr ysbrydol penodedig. Er enghraifft, lluniodd
Morgan Llwyd gerdd lle'r oedd pob pennill yn canolbwyntio
ar fynydd arbennig a oedd yn cynrychioli cynnydd ei yrfa
ysbrydol, o Fynydd yr Olewydd i Sinai, Seion a Gilboa, cyn
cyrraedd Nebo yn y pennill olaf:

> yn olaf daethum i roi tro
> ar fynydd Nebo hardd-deg.
> Rwi'n awr yn gweled Canaan wych
> lle caf (wrth edrych) hedeg.

Dynodai cyfeiriadau at Eden a Chalfaria mewn emynau
golledigaeth a phechod ar y naill law ac aberth a
buddugoliaeth ar y llall, mewn rhyw fath o law fer ysbrydol
y byddai gwrandawyr hyddysg yn eu Beibl yn ei deall i'r
dim. Y mae'n werth nodi hefyd fod map taith yr Israeliaid
drwy'r anialwch wedi ymddangos yn aml mewn Beiblau o
1747 ymlaen. Tybed i ba raddau y porthwyd tuedd emynwyr
y cyfnod i gynnwys delweddau am grwydro megis
pererinion drwy'r anialwch wrth gyrchu tua gwlad yr
addewid gan y mynegiant gweledol hwn o'r hanes?
     Ac eithrio mapiau, digon diaddurn oedd copïau o'r Beibl
yn ystod y Cyfnod Modern Cynnar a dim ond yn y
bedwaredd ganrif ar bymtheg y dechreuwyd cynnwys
lluniau o gymeriadau a straeon amlwg. Ar y dudalen deitl
yn unig y cynhwysid delweddau yn y Cyfnod Modern
Cynnar. Er enghraifft, yn Nhestament Newydd 1567 ceir
llun ar y dudalen deitl sy'n cyd-fynd ag adnod o Efengyl
Ioan, 'Hon yw'r farnedigaeth, gan ddyfod goleuni i'r byd, a
charu o ddynion y tywyllwch yn fwy na'r goleuni' (Ioan
3:19). Symbol o 'Air Duw' yw'r haul sy'n taflu goleuni ar y
sawl a achubwyd, tra portreadir y bobl yng ngweddill yr
olygfa yn llechu mewn tywyllwch dudew. Nid oes llun fel y
cyfryw ar dudalen deitl Beibl 1588, ond atgynhyrchir yr
arfbais frenhinol a oedd yng nghyfnod y Tuduriaid yn

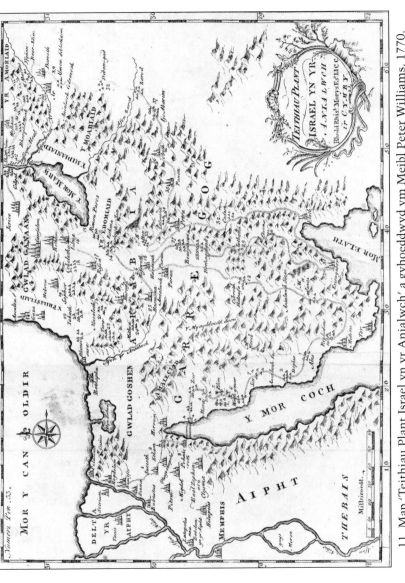

11 Map 'Teithiau Plant Israel yn yr Anialwch' a gyhoeddwyd ym Meibl Peter Williams, 1770.

12 Map 'Teithiau yr Apostolion' a gyhoeddwyd ym Meibl Peter Williams. 1770.

cynnwys draig goch Cadwaladr fel symbol o wreiddiau Cymreig y teulu. Defnyddid delweddau ar dudalennau teitl Beiblau 1620 a 1630 a oedd yn dwyn cysylltiad agosach â'r cynnwys, gan gynnwys cyfeiriadau at ddeuddeg llwyth Israel a lluniau'r deuddeg disgybl. Ffafriwyd adnodau II Timotheus 3:14–17 ar gyfer y tudalennau hyn gan eu bod yn sôn am yr Ysgrythur fel rhodd gan Dduw. Yn wir, defnyddid yr unfed adnod ar bymtheg yn rheolaidd drwy'r Cyfnod Modern Cynnar, sef 'Yr holl Ysgrythur sydd wedi ei rhoddi gan ysbrydoliaeth Duw, ac sydd fuddiol i athrawiaethu, i argyhoeddi, i geryddu, i hyfforddi mewn cyfiawnder.' Gan mai nod yr Eglwys Brotestannaidd gynnar oedd dileu llawer o olion delweddau Pabyddol, nid yw'n syndod fod tuedd i osgoi cynnwys darluniau yn yr argraffiadau cynnar hyn. Ar lefel ymarferol hefyd, byddai peidio â chynnwys lluniau yn lleihau'r costau cynhyrchu, ystyriaeth bwysig i'r sawl a oedd am ledu'r neges mor eang â phosibl.

Dengys hanes cyhoeddi'r Beibl a sicrhau bod pobl yn ei ddarllen y modd y treiddiodd yr ymdeimlad o gyfrifoldeb am ddiwylliant Cymru i lawr yr ysgol gymdeithasol yn ystod y cyfnod modern cynnar. Nid oedd cyfieithwyr a llenorion Beiblaidd cynnar yn perthyn i'r teuluoedd mwyaf grymus a chyfoethog, ond yr oedd ganddynt fel arfer ryw gysylltiadau bonheddig. Perthynai William Salesbury, er enghraifft, i gangen o deulu llewyrchus a blaenllaw Lleweni. Gyda threigl y blynyddoedd, serch hynny, cymerwyd yr awenau fwyfwy gan aelodau o'r haenau canol, yn enwedig clerigwyr megis Moses Williams, Griffith Jones a Peter Williams. Yn yr un modd, gostyngodd pris y Beibl erbyn diwedd y Cyfnod Modern Cynnar. Gellid prynu copi o argraffiad yr SPCK o'r Beibl ym 1799 am 2s. 9d., er y mae'n bosibl i'r 9d. gael ei ychwanegu ar gyfer costau cludiant i Gymru. Bu'n rhaid aros tan y bedwaredd ganrif ar bymtheg cyn y gellid prynu Beibl am lai na swllt a hynny drwy weithgarwch Cymdeithas y Beiblau. Hyd yn oed wedi i'w bris ostwng erbyn diwedd y cyfnod, ystyrid y Beibl yn aml ymhlith yr eitemau mwyaf gwerthfawr ym meddiant sawl teulu. Byddai'n darged i ladron o'r herwydd ac yn destun cymynrodd mewn sawl ewyllys. Ym 1771, er enghraifft, dewisodd John Thomas o blwyf Penbryn yn sir Aberteifi adael ei Feibl Cymraeg i'w or-ŵyr, John Evan, pan ddeuai hwnnw yn bedair ar ddeg oed. Ym 1784 gadawodd Samuel Jones, ffermwr o Gynwyl Gaeo yn sir Gaerfyrddin, ei Feibl Cymraeg mwyaf i'w wraig Mary, a'r flwyddyn ganlynol gadawodd Thomas Roger o'r un plwyf ei Feibl Cymraeg 'ail orau' i'w fab John Rogers. Erbyn diwedd y ddeunawfed ganrif, felly, ymddengys fod gan deuluoedd cymharol gysurus eu byd fwy nag un Beibl yn eu meddiant, ond eu bod yn parhau'n ddigon gwerthfawr i hawlio sylw arbennig pan fyddai perchenogion yn dosbarthu eu heiddo wrth gyrraedd diwedd eu rhawd.

Cafwyd tuedd o bryd i'w gilydd i orbrisio effeithiau tymor byr cyfieithu'r Beibl i'r Gymraeg. Prin oedd nifer y copïau a'r darllenwyr yn ystod yr unfed a'r ail ganrif ar bymtheg. Erbyn c. 1800 yr oedd cyfanswm o ryw 136,500 o gopïau o'r Beibl wedi eu cyhoeddi yn y Gymraeg ond, gan fod llawer o'r rhai cynharaf heb oroesi, yr oedd y nifer a oedd ar gael ar gyfer poblogaeth o fwy na hanner miliwn gryn dipyn yn llai na hynny. Parhaodd yr angen i geisio diwallu'r galw am ragor o gopïau ac yr oedd prinder Beiblau Cymraeg yn rhan o'r cymhelliad dros sefydlu Cymdeithas y Beiblau ym 1804. Drwy gydol y Cyfnod Modern Cynnar poenai diwygwyr Protestannaidd, Piwritanaidd, Anghydffurfiol a Methodistaidd am nad oedd gan eu cyd-Gymry wybodaeth ddigon trylwyr o'r Ysgrythur. Defnyddid yr adnod o Lyfr Hosea, 'Fy mhobl a ddifethir o eisiau gwybodaeth', i gyfleu difrifoldeb y sefyllfa gan John Penry, Morgan Llwyd a Griffith Jones fel ei gilydd.

Er gwaethaf hynny, nid oes unrhyw amheuaeth na chawsai'r Beibl ddylanwad hollbwysig yn y tymor hir. Bu'n ysbrydoliaeth ac yn gysur i gredinwyr. Bu hefyd yn symbyliad i lenorion a geisiai greu safon ar gyfer yr iaith lenyddol at y dyfodol. Fel iaith lafar yn y Cyfnod Modern Cynnar, ni wynebai'r Gymraeg unrhyw berygl amlwg, ond yr oedd bygythiad i'w pharhad fel iaith ysgrifenedig safonol, a bu'r llenyddiaeth a gynhyrchwyd yn sgil cyfieithu'r Beibl yn fodd i'w diogelu a'i chryfhau i wynebu'r dyfodol. Eto i gyd, gwaith araf a thrafferthus oedd sicrhau bod trwch y boblogaeth yng Nghymru yn ymgyfarwyddo â neges y Beibl a thrwy gydol y cyfnod dan sylw yr oedd carfan niferus a oedd yn parhau i ymddangos yn anwybodus neu'n ddi-hid yn ei gylch. Nid gwaith undydd unnos felly fu'r gorchwyl o droi'r Cymry yn Brotestaniaid hyddysg yn eu Beibl, a bu raid i Thomas Charles ac eraill ymroi o ddifri ym mlynyddoedd cynnar y bedwaredd ganrif ar bymtheg i sicrhau bod Gair Duw yn llusern i draed y Cymry ac yn llewyrch i'w llwybrau.

DARLLEN PELLACH

R. Geraint Gruffydd (gol.), *Y Gair ar Waith: Ysgrifau ar yr Etifeddiaeth Feiblaidd yng Nghymru* (Caerdydd, 1988).

R. Geraint Gruffydd (gol.), *A Guide to Welsh Literature c. 1530–1700* (Caerdydd, 1997).

Branwen Jarvis (gol.), *A Guide to Welsh Literature c. 1700–1800* (Caerdydd, 2000).

Geraint H. Jenkins (gol.), *Y Gymraeg yn ei Disgleirdeb: Yr Iaith Gymraeg cyn y Chwyldro Diwydiannol* (Caerdydd, 1997).

E. Stanley John (gol.), *Y Gair a'r Genedl* (Abertawe, 1986).

Derec Llwyd Morgan, *Y Beibl a Llenyddiaeth Gymraeg* (Llandysul, 1998).

Isaac Thomas, *Y Testament Newydd Cymraeg, 1551–1620* (Caerdydd, 1976).

Isaac Thomas, *Yr Hen Destament Cymraeg 1551–1620* (Aberystwyth, 1988).

Eryn M. White, *The Welsh Bible* (Stroud, 2007).

Glanmor Williams, *Grym Tafodau Tân* (Llandysul, 1984).

'TRWY LAFUR BOEN A DIWYDRWYDD MAWR': SIÔN RHYDDERCH A'I WAITH

A. Cynfael Lake

Fe ddarfu i mi o'r diwedd megis Ymdeithydd hwyr-drwm anibenus, trwy ddirfawr boen a manwl chwilio hyd Lwybrau anghynefinol, a thrwy faith rwystrau attaliedig a diffygion . . . gyrraedd at y diben nôd, neu gyflawni f' aml addewidion ynghylch Argraphu y Geirlyfr Saesneg a Chymraeg *hwn, Ac er wrth hir ddisgwyl i amryw anobeithio, gan dybiaid na byddai i mi byth ddwyn y gorchwyl i ben; Ac yn wir i chwi fynghymwynasgar gydwladwyr haelionus, y mae rhwymedigaeth fy niolchgarwch am fynghynnorthwyo iw yrru ymlaen . . .*

Siôn Rhydderch, *The English and Welch Dictionary* (1725), Rhagymadrodd

Gŵr a chanddo lawer o heyrn yn y tân oedd Siôn Rhydderch. Argraffwr ydoedd wrth ei alwedigaeth, ond yr oedd hefyd yn fardd a luniodd gerddi caeth a rhydd, yn awdur almanaciau, yn gyfieithydd, yn eiriadurwr ac yn ramadegwr. Bu hefyd yn gysylltiedig ag eisteddfodau'r almanaciau fel y dechreuwyd eu galw: cynrychiolai'r rhain gam pwysig yn natblygiad yr eisteddfod, a newidiodd rhwng yr Oesoedd Canol a'r bedwaredd ganrif ar bymtheg o fod yn fan cyfarfod ar gyfer y beirdd proffesiynol i fod yn sefydliad poblogaidd a ddenai sylw cenedl gyfan. Awgrymwyd nad oedd llawer o raen ar y deunydd a ddaeth o'i wasg yn Amwythig rhwng 1715 a 1728. Yn ôl Charles Ashton, 'Ac o holl argraphwyr y deyrnas, tybio yr ydym fod yn anhawdd cyfarfod â dau mwy trwstan, annghelfydd, a dilewyrch na Thomas Durston a John Rhydderch.' Ac yn sicr ni haedda ei restru ymhlith prif brydyddion yr oesoedd; 'poor stuff' oedd ei ganu, yn nhyb Lewis Morris o Fôn. Eto, y mae'n ffigwr pwysig ac y mae mawr angen oedi i ystyried ac i gloriannu ei gyfraniad. Yn un peth y mae'n ddolen yn y gwerineiddio a ddigwyddodd i'r diwylliant Cymraeg yn yr ail ganrif ar bymtheg a'r ddeunawfed wrth i do ar ôl to o Gymry o gefndir cymharol gyffredin ddechrau ysgwyddo'r baich o achlesu'r iaith a'i llenyddiaeth. Y mae iddo ran hefyd nid yn unig yn y dadeni creadigol a ddaeth i'r amlwg yn y ddeunawfed ganrif, ac a gysylltir â Lewis Morris a'i frodyr, ond hefyd yn y dadeni ysgolheigaidd a gysylltir eto â Lewis Morris ac â gŵr arall y cydnabyddai Lewis ei ddyled iddo, sef Edward Lhuyd. Cyfran fechan o ddoniau disglair Lhuyd a feddai Siôn Rhydderch, ond yr oedd ganddo galon fawr, brwdfrydedd dihysbydd a serch angerddol at y Gymraeg. Esgeulusodd ei waith fel argraffwr wrth iddo lywio ei eiriadur, ac yna ei ramadeg, trwy'r wasg rhwng 1725 a 1728, a bu'n rhaid iddo dalu'n hallt am hynny. Fe'i gorfodwyd i roddi 'llythyr ysgar', chwedl yntau, i'w argraffwasg, ac erbyn rhan olaf ei oes yr oedd yn bur llwm ei fyd. Ceisiodd Lewis Morris sefydlu gwasg yn Llannerch-y-medd, a Siôn (a oedd, erbyn hynny, yn 'reduced to very low circumstances') yn oruchwyliwr arni, ond ni lwyddwyd i fynd â'r maen i'r wal. A barnu wrth nodyn yn ei law, fe'i ganed yng Nghemais yn sir Drefaldwyn ym mis Ebrill 1673, ac yno hefyd y gorffennodd ei ddyddiau ddwy flynedd a thrigain yn ddiweddarach, fel y tystiodd y bardd Rhys Jones o'r Blaenau mewn marwnad dyner iddo:

> Ni chladdwyd, llygrwyd ein lles,
> Un cymar yn y Cemes.
> Ni chleddir – yn iach lwyddiant!
> Ail i Siôn, wiw olau sant.

Prin, fodd bynnag, yw'r ffeithiau am gwrs ei fywyd yn ystod deugain mlynedd cyntaf ei oes. Diau mai ym 1696 y clywodd ei gyd-Gymry amdano gyntaf. Cynhwyswyd pedair carol o'i waith yn *Carolau a Dyrïau Duwiol*, blodeugerdd o gerddi crefyddol a didactig a gynullwyd gan Thomas Jones 'yr Almanaciwr' ac a argraffwyd ganddo yn y wasg a sefydlodd yn Amwythig y flwyddyn flaenorol. Yn ystod y blynyddoedd nesaf gwelwyd rhai o'i gerddi yn almanaciau Thomas Jones ac yn almanaciau John Jones, Caerau, cystadleuydd Thomas Jones yn y farchnad almanaciau, a gŵr y cyhuddai Thomas Jones ef o geisio dwyn ei fywoliaeth. Clywyd am Siôn Rhydderch drachefn ym 1701. Yr oedd yn un o ddyrnaid o feirdd a ddaeth i dafarn y Blue Bell ym Machynlleth i'r gyntaf o eisteddfodau'r almanaciau. Cyhoeddwyd yr englynion a luniwyd yno yn almanac y flwyddyn ddilynol ac fe'u copïwyd fwy nag unwaith – awgrym pendant fod rhai o feirdd a llengarwyr yr oes wedi clywed am y digwyddiad a'u bod yn barnu ei fod yn achlysur o bwys. Y mae'n amlwg fod enw da i Siôn erbyn 1701 ar gyfrif ei ddysg a'i ddoniau am iddo yn y flwyddyn honno dderbyn gwahoddiad i gyfieithu testunau i'r

Gymraeg ar ran y Gymdeithas er Taenu Gwybodaeth Gristnogol. Ym 1715 dechreuodd argraffu llyfrau, baledi ac almanaciau yn Amwythig, ac y mae'n haws dilyn ei yrfa rhwng y flwyddyn honno a blwyddyn ei farw ym 1735.

Er nad yw cerddi Siôn Rhydderch mor ddi-grefft ag a awgrymodd Lewis Morris, rhaid cyfaddef nad oes iddynt fawr o apêl erbyn heddiw. Y maent yn nodweddiadol o gynnyrch y beirdd a ganai oddeutu dechrau'r ddeunawfed ganrif, beirdd amlwg megis Huw Morys ac Edward Morris ar y naill law, a beirdd llai adnabyddus megis Elis Rowland, Harlech, a Dafydd Manuel o blwyf Trefeglwys ar y llaw arall. Fel ei gyfoeswyr, lluniai Siôn gerddi caeth a rhydd. Diogelwyd un ar bymtheg o'i gerddi defodol, yn gywyddau ac yn awdlau, ac ynddynt cyferchir aelodau o deuluoedd bonheddig cartrefi megis Corsygedol, Nannau, Hengwrt ac Ynysymaengwyn yn sir Feirionnydd, a oedd o fewn cyrraedd hwylus i'w gynefin yng Nghemais. Yn unol ag arfer prydyddion yr Oesoedd Canol, canmolir rhinweddau megis gwaedoliaeth, haelioni, doethineb ac elusengarwch. Dewisodd beirdd yr ail ganrif ar bymtheg a'r ddeunawfed ganrif roi lle blaenllaw i waedoliaeth yn eu cerddi, ac nid yw Siôn yn eithriad. Esgorodd y duedd hon ar gerddi hirfaith. Cynnwys y cywydd moliant a ganodd Siôn i Risiart Bwclai o Fôn gynifer â 194 llinell, ac y mae'r pwyslais bron yn llwyr ar achau'r gwrthrych. Mydryddir enwau'r cyndeidiau brodorol, ond y cysylltiadau Seisnig sy'n hawlio'r sylw pennaf, ac nid yw hynny yn destun syndod pan gofir bod Rhisiart Bwclai yn fab i bedwerydd Is-Iarll Bwclai a Bridget Bertie, merch James, Iarll Abingdon. Ac felly gwelir rhestru Iarddur, Marchudd, ac Ednyfed Fychan ynghyd â hynafiaid megis Bertie ac Egerton, Harvey a Savage, Barough a Beaufort. Arfer arall oedd mydryddu dyddiad marwolaeth y sawl y mynnid ei goffáu. Yn y farwnad a ganodd Siôn i'r frenhines Anne, mydryddir mis a blwyddyn y farwolaeth, ynghyd ag oedran y frenhines. Y mae'r farwnad ar yr un pryd yn ddrych i safbwynt gwleidyddol a chrefyddol yr oes. Un o ganlyniadau anorfod yr Adferiad wedi rhyfeloedd cartref yr ail ganrif ar bymtheg oedd dyrchafu bri'r goron a'r eglwys fel ei gilydd. 'Parch . . . y Protestaniaid' oedd Anne, yn nhyb Siôn Rhydderch, a

> Brenhines, bri iawn hynod,
> Bêr wycha' les, bur ei chlod.
> Congl o faen, cu angel ferch,
> Gwir a'i sylfaen, grasolferch.
> Pen oll byd – pa un well bwys? –
> Purwych oglyd, parch eglwys.
> Piler mawr . . .

Er nad ymddengys i gerddi caeth Siôn Rhydderch gylchredeg yn helaeth, diogelwyd pum copi llawysgrif o'r farwnad hon, a dichon fod a wnelo hynny â'i phwnc. Un peth diddorol ynghylch y marwnadau eraill yw fod y rhan fwyaf wedi eu diogelu yn llaw'r bardd ei hun. Copïodd yr awdl farwnad a luniodd ar y pedwar mesur ar hugain i Dr Roland Wyn o'r Rug ar ddalennau gweigion yn llawysgrif BL Add 14874 pan oedd honno yn ei feddiant, a chopïodd sawl cerdd yn llawysgrif BL Add 14866, casgliad o ganu'r Cywyddwyr a gynullwyd gan David Johns rhwng 1586 a 1587 pan oedd yn ficer Llanfair Dyffryn Clwyd. Erbyn dechrau'r ddeunawfed ganrif yr oedd y llawysgrif hon ym meddiant Edward Morgan, ficer Tywyn a Llanbedr, a gwyddys i Siôn ymweld â'i gartref ar sawl achlysur. Peth arall a wnaeth Siôn Rhydderch oedd copïo rhai o'i farwnadau ar ddalennau unigol fel y gallai eu hanfon at deulu'r ymadawedig a derbyn cydnabyddiaeth deilwng am ei lafur. Diogelwyd pum copi o'r farwnad a luniodd i Ellis Wynne o'r Lasynys, gŵr a fynegodd ei edmygedd o'r frenhines Anne yn ei *Weledigaethau*. Y mae pedwar o'r pum copi sydd ar glawr yn llaw Siôn Rhydderch, a thri ohonynt yn gopïau glân a deniadol yr olwg ar ddalennau unigol.

13 Cywydd marwnad Siôn Rhydderch i Ellis Wynne o'r Lasynys yn llaw
yr awdur ei hun (LlGC Llsgr. 9172E).

Bu llawer mwy o gylchrediad i'r cerddi rhydd. Erbyn dyddiau Siôn yr oedd math newydd o ganu rhydd yn prysur ennill ei blwyf. Ar alawon cerddorol y seiliwyd y cerddi carolaidd, fel y'u gelwid, ac o Loegr y daeth llawer ohonynt i Gymru, trwy wŷr megis Richard Hughes a fu'n swyddog yn y llys brenhinol, ac Edward Morris, y porthmon o Gerrigydrudion a fu farw yn swydd Essex ar un o'i ymweliadau â Lloegr. Er bod enwau megis Crimson Velvet, Charity Mistress, Greece and Troy a Belle Isle March yn bradychu tras estron llawer o'r alawon, yr oedd y cerddi a luniwyd trwy briodi cerddoriaeth a geiriau yn drwyadl Gymreig o ran cynnwys ac addurn. Lluniwyd cerddi mawl, marwnad a gofyn yn nhraddodiad canu Beirdd yr Uchelwyr, ac er nad oedd rhaid wrth hynny, cywreiniwyd y cerddi a'u cynganeddu â phatrymau cymhleth a swynol o odli mewnol a chyflythrennu, er mai 'cleciadau cras' a glywai John Morris-Jones. Bu'n rhaid aros tan ail hanner y ganrif cyn i'r canu hwn ddod yn wironeddol boblogaidd, ond ceir yng nghanu Siôn Rhydderch ragflas o'r themâu y byddai Twm o'r Nant, Elis y Cowper a Huw Jones o Langwm yn elwa i'r eithaf ar eu posibiliadau maes o law. Yn ystod oes Siôn hefyd y dechreuwyd argraffu'r cerddi hyn mewn llyfrynnau o bedair neu wyth tudalen, a daeth argraffu baledi – defnyddir y term 'baled' wrth gyfeirio at y cerddi unigol ac at y llyfrynnau a'u cynhwysai – yn ddiwydiant pwysig erbyn dyddiau Twm o'r Nant, diolch i dwf y wasg yn nhrefi'r gororau, a diolch hefyd i dwf llythrennedd o ganlyniad i ysgolion Griffith Jones, Llanddowror.

Un pwnc a ddaeth yn boblogaidd maes o law oedd adrodd hanesion cyffrous am ddamweiniau a llofruddiaethau, a phob math o ddigwyddiadau rhyfedd ac anarferol. Yn un o gerddi rhydd Siôn ar y mesur 'Loath to Depart', dilynir symudiadau'r dihiryn Robert Owen o Lanrwst trwy Gymru a'r Alban, Iwerddon a'r Iseldiroedd, yng nghwmni cydymaethion mor ysgeler ag ef ei hun, a chofnodir ei holl

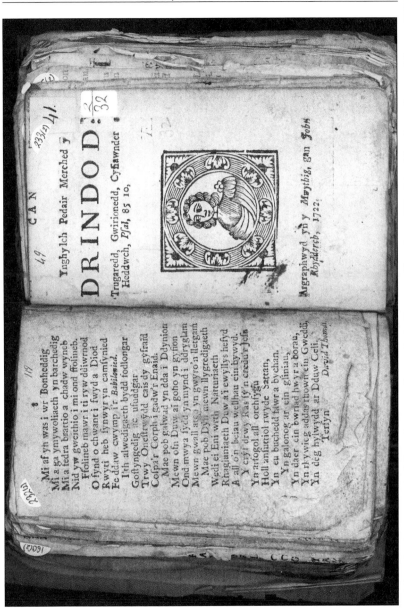

14 Tudalen deitl 'Cân ynghylch Pedair Merch y Drindod' a argraffwyd gan Siôn Rhydderch yn Amwythig ym 1722.

DWY

o

GERDDI

NEWYDDION.

Y Gyntaf, Yn Cynwys Galarnad y Prydydd mewn afiechyd. Yr Ail, yn cynwys Dyrieu Newyddion yn erbyn Meddwdod.

Argraphwyd yn y Mwythig, gan John Rhydderch tros Rydderch Humphrey, 1727-8.

100

(8)

...na Teiger Tryngcer tric, preti phanf cwali cwac
...piter, Irae, ffrongffric, rhowch gic i giw'r ceceri-
...lotyn, perlyn clirwynclowch, a blac ardir na hir ar-
(bowch.
...riwro, ffelo, ffwrdd na ffowch yn ffri dowch i phrofi
pe gwelwn bi allan, ar eglur faes llydan,
Dechreuwn fonlletan gau hedfan oi hol,
a phawb o'r pentref, ced wiw yn cyd Weiddi,
Ymlidiwch y wenci un wa:gcus ddirol. (cawl;
am iddi dorri mor ddidawl ty holl Lyfiau cangau
llae myd i fwr w'r Prydifawl o barthawly perthi
m hyn cyfrowch dowch ir daith gwnawn ediwrnod
ddiwrnod gwyl mwyll arwyl maith, (Gwyl
chwilio Twyna llwyni llaith, mwyn dynwaith am
(deni

Gobeithio cyn tri dydd, y gwelai'r ddigwilydd,
ai Garau trwy i gilydd yn llonydd uwch llawr.
Ynghrog ar ryw Gambren ai deudroed i'r Wybren,
Oer gilwg yn Gelen, y felen dew fawr,
Dowch ynghyd ar Udydd Gwyl fair,
Dyna'r Dydd rwy 'n gyrru Gair,
Y Geinach heu i Ganu ei chrair,
Wych lwyddair ai chladdu ;
Ni luniwn wledd mewn hedd o hyd,
Am ei bwrw i ffordd o'r Byd,
Bir a Bragod yn ei bryd,
Mewn gwynfyd dan Ganu.

John Thomas a'i Cant.

weithredoedd anfad wrth iddo ladd a threisio, lladrata ac ysbeilio, yn gwbl ddiedifar cyn iddo o'r diwedd gael ei ddal a'i garcharu yn Amwythig a'i ddedfrydu i'w grogi. Bydded ei dynged, medd Siôn, yn rhybudd i bob un:

Cymered bawb rybudd, waith hyrwydd, wrth hyn
I ochel pob pechod rhag syndod rhy syn;
Pan ddelo dydd dial daw gofal di-gŵyn,
Â llawer i'w crogi, mae diogi yn eu dwyn.

Mewn cerdd arall, ar fesur brodorol y triban y tro hwn, adroddir hanes cerbydwr a oedd yng ngwasanaeth gŵr bonheddig a'i wraig. Credai pawb mai dyn ydoedd nes iddo ddechrau dioddef poenau nid annhebyg i boenau esgor, a datgelir mai merch ydoedd a feichiogodd wedi i'r postilion, sef y sawl a farchogai'r ceffyl a dynnai'r cerbyd, 'roi ei bigiad dan ei bogel'. Gelwir am fydwraig a genir bachgen i'r cerbydwr er mawr syndod i bawb a oedd yn dyst i'r achlysur. Dywed Siôn iddo gyfieithu'r gân hon i'r Gymraeg, a daeth trosi ac addasu deunydd Saesneg yn bur gyffredin yn ystod ail hanner y ganrif.

Carolau plygain oedd dwy o'r cerddi o'r eiddo Siôn a gyhoeddwyd yn *Carolau a Dyrïau Duwiol.* Dyma ddosbarth arall o gerddi a ddaeth yn hynod o boblogaidd, a thâl nodi bod cerddi crefyddol o bob math wedi cylchredeg yn helaeth ar lafar ac mewn print, mewn baled ac almanac. Cerddi a lunnid i'w datgan yn ystod y Nadolig oedd y carolau plygain, ac y mae'n dilyn eu bod yn cynnwys cyfeiriadau at ymweliad yr archangel Gabriel â Mair, at y geni yn y preseb, at ymweliad y doethion a'r bugeiliaid ac at gynllwyn Herod. Yn wahanol i'r carolau a genir heddiw, sonnir am wyrthiau megis porthi'r pum mil a throi'r dŵr yn win yn y briodas yng Nghanaan, a dilynir bywyd Crist hyd at ei groeshoelio, er mai ychydig o sylw a roddir fel arfer i'r dioddefaint ar y groes ac i'r atgyfodiad. Rhyfeddir, fodd bynnag, at y modd y daeth Mab Duw i rodio'r ddaear ymhlith dynion, a phwysleisir iddo ddod o'i wirfodd i fod yn gyfrwng achubiaeth a maddeuant:

> Ein dyled a dalodd a chwbl achubodd,
> Fe'n prynodd, fe'n rhoddodd yn rhyddion.

Thema arall yn y carolau plygain yw'r anogaeth i ymwrthod â phechod. Atgoffwyd ni gan Meredydd Evans mai 'Calfiniaeth gymhedrol iawn yw Calfiniaeth yr hen garolwyr fel arfer. Mae ganddynt ymddiried syml ac uniongyrchol hollol mewn byw'n ddefodol yn ôl cyfarwyddyd yr eglwys.' Cais Siôn Rhydderch argyhoeddi ei gynulleidfa fod gwobr nefol yn disgwyl y sawl sy'n llwyddo i osgoi'r 'llew blin rhuadwy' a'r 'hen neidr ofnadwy', a byw bywyd dilychwin:

> Pob pechod ebychiol trwy fwriad edifeiriol
> A fyddem arferol, annuwiol eu naws,
> Trown ymaith heb omedd, cawn dderbyn o'r diwedd
> Drugaredd i'n hannedd yn hynaws.

Maes o law daeth deisyf ffyniant yr eglwys wladol yn thema bwysig yn y carolau plygain. Ni roes Siôn Rhydderch bwyslais ar y thema hon, er nad oedd lle i amau ei farn ar y pwnc, fel y gwelwyd eisoes. Mewn un garol, serch hynny, rhybuddiodd rhag rhai o'r dylanwadau a oedd yn bygwth undod yr eglwys:

> Dilyned pob Cristion yr eglwys rywioglon
> Heb fynd hyd ffyrdd ceimion gŵyr drawsion o'i drws;
> Yn gryfion o grefydd un galon â'i gilydd
> Pob dyn a gadd fedydd mae'n fadws.

> A rhodiwn *yn* arbennig y llwybyr canolig,
> Gwiw lesol eglwysig galennig fel glain,
> Heb wyro at anwiredd un Atheist annoethedd
> Na chamwedd gwawr rhyfedd gŵyr Rhufain.

Bu Siôn Rhydderch am gyfnod yng ngwasanaeth Thomas Durston y dyfynnwyd eisoes farn Charles Ashton am safon ei waith argraffu, ac ymddengys mai ef a oedd yn gyfrifol am y deunydd Cymraeg a ddeuai o'r wasg yn Amwythig. Fe'i disgrifir yn 'ddoeth olygwr a diwygiwr yr argraffwasg' yn y flwyddyn 1714. Erbyn 1715 yr oedd gan Siôn ei argraffwasg ei hun, a gwyddys ei fod erbyn 1719 wedi ymsefydlu 'yn y Drŵs nesaf i Lûn y Gŵr Gwyrdd, yn Heol Mardol yn y Mwythig'. Dyma un o strydoedd mwyaf hynafol y dref ac ni newidiodd adeilad megis y King's Head ryw lawer ers dyddiau Siôn Rhydderch. Gwelir ei enw ar liaws o lyfrau ac o bamffledi a gyhoeddwyd yn ystod y tair blynedd ar ddeg nesaf. Diau mai *Drych y Prif Oesoedd* Theophilus Evans

16 'The King's Head', Mardol, Amwythig: braslun gan W. A. Green.

yw'r enwocaf ohonynt. Ceir sawl cyfrol sylweddol yn eu
plith: yr oedd *Holl Ddyletswydd Dyn*, cyfieithiad Edward
Samuel o *The Whole Duty of Man*, yn cynnwys 363 tudalen
ac yr oedd *Catechism o'r Scrythur*, cyfieithiad Iaco ab Dewi
o waith Matthew Henry, *A Scripture Catechism*, yn 272
tudalen. Fel yr awgryma teitlau'r ddwy gyfrol hyn, deunydd
crefyddol a gâi'r flaenoriaeth, ac yr oedd y rhan fwyaf ohono
wedi ei drosi neu ei addasu o'r Saesneg gan gyfieithwyr dyfal
ac ymroddedig megis Edward Samuel, Iaco ab Dewi, Robert
Lloyd, person Hirnant, a John Morgan, Matching. Fe'i
hanelid at foneddigion, at wŷr eglwysig ac at bob penteulu,
a'i nod oedd hyrwyddo buchedd dda a duwiol. Ond cafwyd
achlysur eisoes i gyfeirio at awydd angerddol arweinwyr y
bywyd ysbrydol i hyrwyddo'r eglwys wladol, ac i'w
hamddiffyn rhag peryglon rhaniadau o ganlyniad i
weithgarwch sectau megis y Crynwyr, a rhag bygythion o'r
tu allan o du'r Pab yn Rhufain. Nid oedd neb yn fwy brwd o
blaid yr eglwys na Theophilus Evans, ac un o'r llyfrau cyntaf
y bu Siôn Rhydderch ynglŷn â'u hargraffu oedd cyfieithiad
Theophilus Evans o waith George Keith, *A Serious Call to
the Quakers*, gwaith sydd ar ffurf catalog o ddatganiadau
gan Grynwyr blaenllaw. 'Deisyfir mywn difrif arnoch',
medd Theophilus Evans wrth ei ddarllenwyr,

> eu hystyried, a chan weddio A'r Dduw Holl-alluog i'ch
> nerthu chwi a'i yspryd gla'n i'w cystadlu hwy a'r
> Scrythurau Sanctaidd, wrth ba rai y gellwch weled yn
> Eglur i'ch Athrawon [sef y Crynwyr] eich arwain yn
> llwyr-gwbl oddi-wrth Egwyddorion Christ'nogaeth.

Mynegir yr un ymagweddiad mewn ffordd fwy cynnil yn
rhagymadroddion rhai o'r cyfrolau a ddaeth o'r wasg.
Cyflwynodd Edward Samuel ei waith *Prif Ddledswyddau
Christion*, ei gyfieithiad o *The Great Necessity and
Advantage of Public Prayer* William Beveridge, i Robert Price:

O herwydd eich serch a'ch awyddfryd gwastadol i amddeffyn Eglwys Loegr yn erbyn Dichellion cyfrwysddrwg Pabyddion gwaedlyd o'r naill dû, ac yn erbyn Rhuthrau melldigedig Gwahanedigion gwallgofus o'r Tû arall.

Cyfrannodd Siôn Rhydderch, yntau, at y drafodaeth trwy gyfieithu traethawd byr sy'n 'chwilio allan, pa Eglwys a Chymmundeb sydd orau a siccra i lynu wrthi; tuag at gyrraedd Bywyd Tragywyddawl'. Gwaith ar ffurf ymddiddan rhwng llafurwr o Gent ac Esgob Llundain yw hwn. Myn y llafurwr wybod pa grefydd sydd orau, a chais yr esgob ei oleuo mewn modd cwbl ddiduedd trwy ddisgrifio un ar bymtheg o 'Biniwnau sy'n haeru'u bod o Eglwys Grist', megis yr Arianiaid, y Sosiniaid, yr Arminiaid a'r Antinomiaid. Daw'r llafurwr i'r casgliad 'mai Crefydd Eglwys Loegr sy fwya cyttunol am meddwl or holl Grefyddon soniasoch am danynt'.

Ym 1713 bu farw Thomas Jones, y cyntaf i lunio almanac Cymraeg, a gwelodd Siôn ei gyfle i fanteisio ar lafur a menter y gŵr o Gorwen. Lluniodd almanac ar gyfer y flwyddyn 1715, a thystia'r ffaith iddo fabwysiadu teitl Thomas Jones, *Newyddion Oddiwrth y Sêr*, ei fod yn gobeithio elwa ar deyrngarwch darllenwyr ei ragflaenydd. Barnai'r bardd Robin Ragad fod Siôn yn olynydd naturiol i Thomas Jones:

Gan ddarfod hen glod gwledydd – wyt am swydd
    Tomas Siôn beunydd,
  Naws wiwdeg, yn sywedydd,
  Da yw dy sail, dydi sydd.

Ni ddiogelwyd copi o'r almanac cyntaf hwnnw, ac nid oes modd gwybod ai Siôn ei hun a'i hargraffodd. Bu'n rhaid i Siôn roi'r gorau i'w waith fel argraffwr ym 1728, ond daliodd i baratoi almanac blynyddol hyd flwyddyn ei farw ym 1735. Cyflawnai'r almanac sawl swyddogaeth. Yr oedd yn y lle

cyntaf yn gronfa o ffeithiau a chyfarwyddiadau ymarferol.
Ceid ym mhob rhifyn restr o ddyddiau ffeiriau a
marchnadoedd Cymru a siroedd y Gororau.
Cynigid cynghorion yn ymwneud â thrin y tir, codi cnydau a magu
anifeiliaid, ynghyd â meddyginiaethau o bob math, ar gyfer
pobl ac ar gyfer anifeiliaid fel ei gilydd. Yn almanac 1722
dangosir sut i drin 'Dolur a'r Lygaid Tarw, ŷch, Buwch neu
Lo', a disgrifir meddyginiaethau 'Rhag Clwy'r Gynffon',
'Rhag Chŵydd ynghyrph Anifeiliaid neu'n eu pen ôl' a
'Rhag Piso gwaed', ac ychwanega Siôn:

> Nid oes geni mo'r lle i 'mhelaethu ymmhellach a'r y
> Meddyginiaethau hyn y leni, (ond os Duw a rydd
> Gennad) ac i'r Wlâd fyngwneud i yn gydnabyddus i'r
> rhai hyn fod yn llesol yn eu mysc, Mae'n fy mryd yrru i
> chwi Flwyddyn arall ychwaneg o berthynas i Ddefaid,
> Môch, Geifr, a Mul.

Yr oedd gan ddarllenwyr yr almanac ddiddordeb mawr yn
y tywydd, a diau fod mwy o fodio ar y tudalennau a
gynhwysai'r calendr na nemor un adran arall. Yn yr adran
hon nodir amser codi a machlud yr haul, a disgrifir yn gryno
y math o dywydd y gellid ei ddisgwyl bob mis o'r flwyddyn.
Rhagwelir y bydd mis Rhagfyr 1735, er enghraifft, yn dilyn y
patrwm hwn: 'Tebyg i Rewi; Oerllyd Eiriog a Gwyntog;
Sych a gwyntog; Odlaw neu Eira; Rhew caled ac yn debyg i
ddiweddu'r Flwyddyn yn Eiriog.' At hyn gelwid sylw at
ddiffygion yr haul a'r lleuad, ac fel pob sywedydd gwerth ei
halen mynnai Siôn Rhydderch ddangos ei fod yn hyddysg yn
symudiadau'r planedau a'i fod yn abl i ddehongli'r cyfryw.
'Gan fod Pen y Ddraig y leni mewn Cyssylltiad ar Llew,
hynny sy'n Arwyddoccau niweidiol ddisgyniad ar
Anifeiliaid gwylltion hefyd ar Frenhinoedd a Gwyr
mawrion' oedd ei broffwydoliaeth ar gyfer 1720, tra
rhybuddir yn almanac 1725:

Y 5med Diffyg a ddigwydd yn yr 28 Râdd o Arwydd yr Hwrdd, ac yn unfed Tŷ ar ddeg o'r Addurn medd y Doethion, y mae'n arwyddoccau marwolaeth i Wragedd, anfodlonder a thristwch i amryw Bobl, Yr defaid ar Cwningod gan mwyaf yn bwdr.

Yr oedd i'r almanac swyddogaeth addysgiadol yn ogystal. Neilltuwyd tudalennau ar gyfer 'Yr Egwyddor ir Anllythrennog i ddysgu Darllain Cymraeg' mewn sawl rhifyn, a châi'r anllythrennog gymorth pellach o bori yn y rhestrau o eiriau a ddosbarthwyd yn ôl nifer eu sillafau. Rhoddir enghreifftiau o eiriau unsill syml megis 'bai', 'rhodd', 'tyst' ynghyd â geiriau hwy megis 'erlynedigaethau' ac 'ysgrifenedigaethau'. Gallai darllenwyr yr almanac ddysgu am frenhinoedd Lloegr trwy ddilyn eu hanes o flwyddyn i flwyddyn. Yn almanac 1729 ymroes Siôn i gyflwyno gwybodaeth am esgobaethau Cymru a Lloegr, gan nodi sawl dinas, marchnad a phlwyf a berthynai i bob un. Yng Nghaerfyrddin yr argraffwyd almanac 1734, a phriodol fod y rhifyn hwnnw yn cynnwys 'Hanes neu Ddescrifiad Ansawdd Tref Gaerfyrddin'. Crybwyllir breintiau'r dref, ei ffeiriau a'i marchnadoedd, ei lleoliad ar lan afon Tywi, a nodir hefyd pa bysgod y gellid eu dal: 'Trêf hardd a Phoblog ydyw hi, ai chlôd mor helaeth a nemor o Dref ym Mrydain fawr.'

At hyn cynigiai'r almanac ddogn o ddiddanwch. Yn achlysurol yn unig y gosodai Siôn bosau i'w ddarllenwyr, er bod yr atebion i un pos a gyhoeddwyd yn almanac 1722, y naill gan ohebydd o sir Fynwy a'r llall gan ohebydd o sir Forgannwg, yn ddrych i ddosbarthiad daearyddol *Newyddion Oddiwrth y Sêr*. Mwy cydnaws â chywair almanaciau Siôn oedd y rhestrau a oedd yn cynnig dysg ynghyd â diddanwch. Yn almanac 1718 rhestrwyd 'Enwau y Gwyr Clodfawr a Ddych'mygodd, ac a roddodd allan gyntaf, yr Celfyddydau sy'n canlyn', a hysbysir mai 'Apolo, fâb Jupiter a amcanodd y Delyn a Bwa a Saethau', 'Joan Guttemberg Marchog o

17 Englyn yn llaw Siôn Rhydderch 'yw ben ar ol meddwi'
(LlGC Llsgr. Wynnstay 7, f. 125).

Germany neu Wlad yr Ellmyn oedd y Cyntaf a ddychymmygodd allan y Gelfyddyd o Argraphu', a 'Pythagoras, a ddychymmygodd Gelfyddyd Rhifyddiaeth neu fwrw cyfrifon gyntaf'. Cafodd darllenwyr almanac 1734 astudio 'Cofrestr neu Rifedi o'r Blynyddoedd aeth heibio, er pan ddigwyddodd yr amryw Bethau canlynol', ac yn eu plith:

> Er pan ddinistriwyd Sodom a Gomorra
> Er pan ddaeth y Cymru i'r Ynys hon, y rhai a lywod-
> raethasant yr holl Ynys yn heddychol dros 1587 o
> Flynyddoedd cyn dyfod y Saeson i wasgu arnynt
> Er pan fu farw Llewelyn Tywysog diwaethaf Ynghŷmru
> a fu yn Rheoli Cymru
> Er pan osodwyd i fynu'r Argraphwasg, neu'r Press Ym
> Mrŷdain
> Er pan Adeiladwyd Clochdy Gwrecsam
> Er pan Argraphwyd y Beibl yn gynta yn Gymraeg

O'r dechrau rhoes Thomas Jones le blaenllaw i farddoniaeth yn ei gyhoeddiadau, a dilynodd ei olynwyr ei arweiniad. Dyma yn ddiau ran fawr o apêl yr almanaciau Cymraeg, yn wahanol i'r almanaciau Saesneg. Gallai'r darllenydd ddisgwyl gweld pum cerdd neu chwech ym mhob un o almanaciau Siôn Rhydderch. Cyhoeddwyd lliaws o garolau plygain a charolau haf yn *Newyddion Oddiwrth y Sêr*, ynghyd â cherddi carolaidd o bob math wedi eu patrymu ar alawon cerddorol a'u cynganeddu yn gywrain. Nid oedd John Jones, Caerau, y gorfu i Siôn Rhydderch gystadlu ag ef trwy gydol ei yrfa fel almanaciwr, yn fardd, a bu'n rhaid iddo bwyso yn drwm o'r herwydd ar Rys Elis y gellid ei ddisgrifio yn fardd swyddogol *Cennad oddi wrth y Sêr*, ac ar fardd arall o'r enw Morgan Llwyd. Manteisiodd Siôn i'r eithaf ar ei ddoniau prydyddol, a chynhwysai ei gerddi ei hun yn rheolaidd yn ei almanaciau. Mynnai hefyd lenwi pob twll gwag ar y ddalen trwy lunio englyn a oedd yn gweddu i'r deunydd dan sylw, boed yn rhestr o ffeiriau, yn druth hanesyddol neu yn gyfarwyddyd ar wrteithio tiroedd. Rhestrid dyddiadau tymhorau'r gyfraith ym mhob almanac. Rhan fynychaf câi Siôn ei gymell i lunio englyn yn dychanu'r cyfreithwyr a ddeuai yn gocyn hitio hwylus maes o law yn anterliwtiau ail hanner y ganrif. Dilynir yr adran ar dymhorau'r gyfraith yn almanac 1735 gan yr englyn hwn:

Gochelwch, gwyliwch galyn – y gyfraith,
Gwae afrwydd ei dilyn,
Gwarthruddo, cwyno cannyn,
Glwy' oer dig, i lawer dyn.

Gwerthid almanaciau Siôn Rhydderch yn Y Bala, Llanrwst, Clynnog Fawr, Aberystwyth, Caeo a Phont-y-pŵl. Yn rhinwedd ei waith fel argraffwr meithrinodd rwydwaith cyfoethog o gysylltiadau nid yn unig â'i werthwyr ond hefyd â gwŷr llên o Fôn i Fynwy. Anogai'r beirdd ymhlith ei gydnabod i gefnogi ei gyhoeddiadau, ond sicrhâi hefyd eu bod yn anfon eu cerddi a'u carolau ato fel y gallai eu cynnwys yn ei almanaciau. Cyhoeddodd waith Dafydd Ifan o Lanfair Caereinion, Arthur Jones o Langadwaladr ym Môn, ac Iaco ab Dewi o Lanllawddog yn sir Gaerfyrddin. Bu ei gyd-feirdd yn gaffaeliad i Siôn mewn ffordd arall. Cafodd ganddynt lunio cerddi – ar ffurf englynion yn bennaf – yn canmol rhinweddau'r almanaciwr a'i waith, ac unwaith eto dengys cyfraniadau Gruffudd Edward o Lanfyllin, Siôn Prisiart Prys o Fôn, Siôn Bradford o Forgannwg, a Morys Siôn o blwyf Llangathen yn sir Gaerfyrddin, hyd a lled ei rwydwaith llenyddol. Bu 1721 yn flwyddyn anodd i Siôn, a methodd â gweld ei ffordd yn glir i gynnig ei wasanaeth blynyddol i'w gyd-wladwyr trwy gyhoeddi almanac am ei fod, fe ymddengys, wedi ei garcharu: '[ni] chefais Ollyngdod mewn pryd o Dŷ caethiwed i'w gyflwyno i'ch mysc'. Yn almanac y flwyddyn ddilynol clywir Siôn Prisiart Prys yn canu clodydd yr awdur mewn cyfres o englynion; mynega'r bardd o Fôn ei obaith hefyd na fydd ei gyd-Gymry yn dal dig am na chafwyd almanac y flwyddyn flaenorol:

> Gwêl serch Siôn Rhydderch yn rhwydd – er golau
> Drwy gyflawn ddiwydrwydd
> Mewn eurwaith yma'n arwydd,
> Grymuster y sêr a'u swydd.

> Na ddigia a'i farnu'n ddiogyn – mewn llid
> Neu hyll wawd i'w erbyn
> O'i swydd er digwydd i'r dyn
> Aflwyddiant am un flwyddyn . . .

> Dod arian o'th ran, iaith rwydd, – amdano
> Er dawnus gar'digrwydd . . .

Elwodd Siôn Rhydderch ar y cysylltiadau hyn mewn ffordd arall. Ym 1701 cynhaliwyd y gyntaf o eisteddfodau'r almanaciau. Nid oedd y digwyddiad yn un byrfyfyr. Gwelwyd y rhybudd hwn yn almanac Thomas Jones am y flwyddyn 1701, almanac a gyhoeddwyd yr hydref blaenorol:

> Amryw o Brydyddion Sir Drefaldwyn, Sir Aberteifi a Sir Feirionedd a ymgyttnaŷsant i ymgyfarfod ar y 24 dydd o Fis Fehefin 1701 yn Nhref Machynlleth yn Sir Drefaldwyn i ddechrau adnewŷddu a gwastadu Eisteddfod Prydyddion (fel ag yr oeddynt yn yr hên amser) i geryddu camgynghanedd, i egluro y pethau towŷll a dyrus, ac i wirio yr hyn sydd gywir mewn celfyddŷd Prydyddiaeth yn yr Iaith Gymraeg.

Nid oes modd gwybod bellach pwy yn union a fu'n cyffroi'r dyfroedd. Y cyfan y gellir bod yn sicr yn ei gylch yw fod Siôn ymhlith y dyrnaid o feirdd a oedd yn bresennol, ond gall y lleoliad a ddewiswyd awgrymu bod bys Siôn yn y brywes pan gofir mai brodor o Gemais gerllaw ydoedd. Bid a fo am hynny, nid oes amheuaeth nad oedd a wnelo â'r cyfarfodydd a ddilynodd y cynulliad cyntaf hwn ym Machynlleth. Yn ei almanac ef yr hysbysebwyd yr eisteddfodau a gynhaliwyd yn Nhafarn y Gath, Llandegla-yn-Iâl, ym 1719, ac yn Nolgellau ym 1734, er mai siom a'i disgwyliai yn yr olaf. Yr oedd wedi mentro i Ddolgellau

> mewn llwyr Obaith gael Cyfarfod y rhan fwyaf o Feirdd Cymru ag oedd yn gyfrannol o Ddawn Prydyddiaeth; Ond ni ddaeth yno mo'r hanner Dwsing i gyd, neu or fan lleiaf ni ymddanghosodd amgenach; Pa fodd bynnag, ni welais i yno ond Arwyddion o ddifraw-wch a gwangalondid a llyfrdra.

Gellir tybio hefyd iddo hyrwyddo'r digwyddiadau hyn trwy fanteisio ar ei rwydwaith o gysylltiadau. Yn ôl G. J. Williams, esgorwyd ar 'gyfnod newydd yn hanes bywyd llenyddol y dalaith' pan ymroes beirdd neu ramadegyddion Morgannwg, fel y'u gelwid, i gynnal eisteddfodau megis yr un a gynhaliwyd yn y Cymer ym 1735. Tybiai hefyd mai Siôn Rhydderch a'u hysgogodd. Anodd profi hynny, ond y mae'n arwyddocaol fod englynion gan feirdd y sir yn annerch Siôn i'w gweld yn nifer o'r almanaciau. Cyfarchodd Llywelyn ab Ieuan o blwyf Llangrallo ef, gan fynegi ei hiraeth am ei gwmni. Dro arall, ar achlysur ei ymadawiad â Morgannwg, bu Siôn a Wil Hopcyn (a ddeuai yn enwog cyn bo hir ar gyfrif ei garwriaeth honedig ag Ann Thomas o Gefn Ydfa) yn cyfnewid penillion.

Ym mhapurau Iolo Morganwg sonnir am dair eisteddfod y chwaraeodd Siôn ran ynddynt. Disgrifir yr achlysuron, nodir pwy oedd yn bresennol a chofnodir yr englynion a ddatganwyd. Afraid dweud mai ffrwyth dychymyg Iolo ei hun yw'r rhan fwyaf o'r deunydd hwn. Eto, 'anodd gennyf gredu nad oes ryw sail i'r hanesion hyn', meddai G. J. Williams. 'Diau fod rhyw ddraddodiadau'n aros . . . Codi adeilad mawr ar hen sylfeini – dyna a wnâi Iolo gan amlaf.' Meddai Iolo ar dreiddgarwch anghyffredin. Y mae'n sicr iddo ddirnad y lle pwysig a oedd i Siôn Rhydderch yn yr adfywiad a gafwyd ym Morgannwg, ond peth arall fyddai cydnabod i un o'r 'Deudneudwyr', fel y galwai'r Gogleddwyr, ysgogi'r bwrlwm hwnnw. Ei ffordd o osgoi'r gwirionedd yw dilorni Siôn Rhydderch bob gafael. Dyma ei sylw ar yr englynion y dywed i Siôn eu llunio yn eisteddfod Ystrad Owen ym 1720:

> Nid oes nag iaith na chynghanedd gywair ar un o'r Englynion uchod. ond twyll-gynghanedd, twyll odlau, gormodd odlau, ymsathr odlau, proestodlau, pengoll a thingoll. Etto gellir dywedyd nad oedd Sion Rhydderch yr amser hynny ond ieuanc, a heb gyrrhaeddyd digon o wybodaeth ynghelfyddyd Prydyddiaeth, os byth y cyrhaeddodd ef hynny – yr hynn a ellir ei amhau'n gryf.

Awgryma sylw Siôn Rhydderch ym 1734 yn sgil ei ymweliad â Dolgellau na fu llawer o lewyrch ar eisteddfodau'r almanaciau. O'r hedyn distadl hwn, serch hynny, y tyfodd y sefydliad a fyddai'n hawlio lle canolog ym mywyd diwylliannol Cymru maes o law. Dechreuodd y trawsnewid ym 1789 dan ddylanwad Cymdeithas y Gwyneddigion yn Llundain. Cymwynas bennaf Siôn Rhydderch fu creu'r hinsawdd a wnaeth y datblygiad hwnnw yn bosibl. Yn ôl Helen Ramage, yr oedd yn un o'r triwyr 'a osododd batrwm ein Heisteddfod ni heddiw'. 'Ohonynt, yng nghyflawnder yr amser', ategodd Hywel Teifi Edwards, 'y tarddodd yr Eisteddfod gystadleuol a oedd i feddiannu'r maes diwylliannol.'

Un o amcanion y cyfarfod ym Machynlleth ym 1701 oedd cynnig cymorth i'r beirdd a chodi safonau. Byddai cyfle yn yr eisteddfod 'i geryddu camgynghanedd, i egluro y pethau towŷll a dyrus, ac i wirio yr hyn sydd gywir mewn celfyddŷd Prydyddiaeth yn yr Iaith Gymraeg'. Cynigiai'r almanac, hithau, ddysg i'r sawl a'i derbyniai, a cheisiodd Siôn estyn llaw i'r beirdd yn benodol trwy gynnwys trafodaethau ar y gynghanedd a'r mesurau caeth. Yn almanac 1725 gwelwyd 'Ychydig Athrawiaeth i'r Prydyddion Jeuaingc i'w hyfforddi i gydnabod beiau ac ac [sic] Anafau Cerdd Dafod'. Aeth Siôn gam ymhellach ym 1728 trwy lunio gramadeg. Ar un ystyr, camarweiniol yw'r teitl *Grammadeg Cymraeg*, gan mai gramadeg barddol oedd hwn yn ei hanfod. Gwaith yn llinach gramadegau penceirddiaid yr Oesoedd Canol ydoedd, er mai gramadeg Siôn Dafydd Rhys, *Cambrobrytannicae Cymraecaeve Linguae Institutiones et Rudimenta*, a gyhoeddwyd ym 1592, oedd ei gynsail uniongyrchol. Dilynodd Siôn gynllun gramadeg Siôn Dafydd Rhys a gynhwysai dair haen: haen ieithyddol yn gyntaf peth, haen farddol yn ail a haen hanesyddol yn drydydd. Yr ail haen, heb os, yw'r bwysicaf. Yma rhoddir sylw i fesurau cerdd dafod, i'r gynghanedd, i'r cymeriadau ac i'r beiau y dylai'r prydydd eu gochel. Unwaith eto amlygir dyled yr awdur i Siôn Dafydd Rhys, gan fod yr adran hon wedi ei chodi bron yn gyfan gwbl o'i waith ef. Ceisiodd Siôn Dafydd Rhys esbonio hanfodion y mesurau a'r cynganeddion trwy gynnig cyfres o ddiagramau pwrpasol, a gwnaeth Siôn Rhydderch yr un modd. Ar ddiwedd y *Grammadeg* rhoddir canllawiau ar gyfer y sawl a fynnai gynnal eisteddfod. Cyfeirir at drefn y cystadlu, nodir cymwysterau'r beirniaid, a disgrifir y math o gerddi y disgwylid i'r beirdd eu llunio. Nid oes amheuaeth na fu i'r almanac *Newyddion Oddiwrth y Sêr* a'r *Grammadeg*, y naill fel y llall, estyn cymorth ymarferol ac arweiniad i feirdd yr oes ac iddynt hyrwyddo cyfarfodydd y prydyddion yn y fargen.

Daeth y *Grammadeg* yn llawlyfr i'r beirdd, a chyfrannodd at y dadeni creadigol a ysgogwyd yn fwyaf arbennig gan Lewis Morris a'i ddisgyblion. Ar sail gwaith Siôn y dechreuodd Goronwy Owen draethu yn ei lythyrau am nodweddion y mesurau caeth. Bu'n damcaniaethu hefyd ynglŷn â llunio cerdd epig yn y Gymraeg, ac fe'i ceir yn sylwebu ar yr iaith, y pwnc a'r mesurau a weddai i gerdd o'r fath. Pan gynhaliwyd yr eisteddfod gyntaf dan nawdd Cymdeithas y Gwyneddigion ym 1789 dewisodd nifer o'r beirdd gyflwyno awdlau ar y pedwar mesur ar hugain am fod Siôn wedi cynnwys

GRAMMADEG
CYMRAEG.

Yn Cynnwys Athrawiaeth Llafaryddion, a Lhoffeiniaid, Helaeth Ddofparth ar y Sillafau a'i hamryw herthynafau. Wyth Rann Ymadrodd a'i Chynneddfau.

Hyfforddiant i jawn Yfcrifennyddiaeth, beth yw Enw, Rhag-Enw, Gorair, Ar-orair, Cenedl ryw, Nôd Bannog, Cyfl yllciad, y Pum Amfer ar Moddau, Cyf trawen. &c.

Colofnau Cerdd Dafod, a chyflawn Ath-rawiaeth Awdurdodawl y Prif Feirdd, ym Mhrydyddiaeth a Barddoniaeth, yn gyflawnach nag erioed or blaen.

Gorcheftion Dafydd Nanmor ac eraill, Beiau ac Anatau Cerdd Dafod, Hanes Eifteddfodau ar modd y trefnid gynt. Statud Gruffydd ab Cynan. Ac amryw bethau eraill tra Angeurheidiol iw deall cyn y meiddio neb Ryfygu bod yn Bencerdd, nag jawn Yfgrifennydd y-chwaith.

O Gafgliad, Myfyriad ac Argraphiad *John Rhydderch*, ac ar werth ganddo ef yn y *Mwythig.* 1728.

18 Wynebddalen *Grammadeg Cymraeg* (1728) Siôn Rhydderch.

enghreifftiau pwrpasol yn ei ramadeg. Pan fynegodd y beirdd eu gwerthfawrogiad yn eu henglynion i Siôn Rhydderch yr oedd tri bardd o Arfon yn eu plith, sef Ifan Wiliam, Wiliam Elias a Michael Prichard. Barnai Lewis Morris fod Siôn yn olynydd teilwng i ddau Siôn, ac i ddau ramadegwr arall, sef Siôn Dafydd Rhys a John Davies, Mallwyd. Awgrymir bod i'r *Grammadeg*, felly, linach tra anrhydeddus. Gresynai David Ellis yn ail hanner y ganrif fod y gyfrol erbyn hynny mor brin:

> Yr hwn Lyfr ydyw r goreu i hyfforddio Cymry ieuaingc yn yr Iaith Gymraeg a i Barddoniaeth ag sydd yr awr hon yn argraphedig; ond ei fod yn brin ac yn anhawdd ei gael am Arian.

Daeth y llawysgrif a oedd yn cynnwys y sylw hwn i ddwylo Iolo Morganwg ac, yn unol â'r disgwyl, pur wahanol oedd ei farn ef. Ni allai ymatal rhag ychwanegu ar ochr y ddalen, 'Cystal y gwyddai Sion Rhydderch Reolau Barddoniaeth ag y gwyr Buwch wau Sidan'. I'r un cywair y perthyn y sylw hwn:

> he was the most learned man of his time in the ancient metres and in the age and his being so shows how pitifully was this branch of Welsh knowledge was in this time in North Wales. He published a Welsh Grammar which demonstrates that he knew very little; or next to Nothing of the gramatical principles of the Language, and his prosody and principles of versification equally attest his Ignorance, but in him we see the Welsh proverb verified *Brenin y bydd unllygeidiog yng Ngwlad y Deillion*, John Roderic was an impertinent pigmy in Welsh Literature.

Nid oes amheuaeth na chyfrannodd y *Grammadeg* at y dadeni creadigol, er gwaethaf rhagfarn Iolo. Yr oedd cyswllt rhwng y dadeni hwnnw a dadeni ysgolheigaidd y ganrif. Ymgydnabu Lewis Morris â chanu'r gorffennol, a gwaith penceirddiaid yr Oesoedd Canol yn benodol, trwy astudio

cynnwys y llawysgrifau a ddeuai i'w ddwylo. Ymroes hefyd i
ddiogelu'r llawysgrifau bregus, ac yr oedd ei gylchgrawn
byrhoedlog *Tlysau yr Hen Oesoedd* nid yn unig yn ymgais i
greu diddordeb yn yr hen ganu ond yn fodd hefyd i ledaenu'r
canu hwnnw a'i ddwyn i sylw cynulleidfa ehangach. Buan y
gwawriodd ar Lewis Morris fod cynnyrch ei gyfoeswyr yn bur
dila o'i gyfosod â chanu Dafydd ap Gwilym a'i olynwyr, ac nid
oedd ganddo lawer i'w ddweud wrth gerddi Siôn ar y mesurau
caeth. Ceisiodd Lewis ymgyrraedd at safonau yr oes a fu yn ei
ganu caeth, ac anogai ei ddisgyblion i ymagweddu yn yr un
modd. Dan ei ddylanwad ef ceid Ieuan Fardd maes o law yn
addef, 'If I can write something like Lewis Glyn Cothi or
Tudur Aled, I have reached the height of my ambition', a
Goronwy Owen yn hawlio, wrth sôn am eiriadur Dr John
Davies, Mallwyd, 'Efe a ddysgodd imi fy Nghymraeg.' Yr oedd
Siôn Rhydderch yn ddolen yn y gadwyn hon hefyd. Fel Lewis
Morris ar ei ôl, sylweddolodd fod y llawysgrifau yn allwedd i
drysorau'r gorffennol, a bu'n eu casglu yn ddiwyd trwy gydol
ei oes. Ymhlith y deunydd a fu yn ei feddiant yr oedd testun o
Frut y Brenhinedd, gramadeg barddol a gopïwyd gan Roger
Morris, casgliad o areithiau pros yn llaw John Jones,
Gellilyfdy, a chasgliad o amryfal destunau rhyddiaith yn llaw
Ieuan ab Ieuan ap Madog o blwyf y Betws ym Morgannwg. At
hyn, daeth i'w ddwylo sawl casgliad o ganu'r Cywyddwyr, yn
gerddi mawl a marwnad ac yn gerddi brud, a gwyddys iddo
gynnull canu'r bardd Hwmffre ap Dafydd ab Ieuan ym 1691.
Amcanai gyhoeddi detholiad o waith 'amryw Brifeirdd mwya'
Gorchestol yn yr oesoedd aeth heibio'. Hysbysa ei ddarllenwyr
yn almanac 1729 fod ganddo nifer o lawysgrifau yn ei feddiant,
ac fe'u hanoga i roi ar fenthyg iddo unrhyw ddeunyddiau a
oedd ganddynt fel y gallai eu cymharu â'r hyn a oedd ganddo
ef. 'Y rwy'n Meddwl', ychwanegodd, 'y gallai ddiwygio llawer
ar gam Ysgrifennaduau'r hen Gywyddau y rhai trwy fusgrellni'r
Anghelfydd a Anafwyd yn rhy fynych.' Gwaetha'r modd, bu'n
rhaid i Siôn roi'r gorau i'w waith argraffu ym 1728, ac aeth y

cynllun i'r gwellt. Pe na bai hynny wedi digwydd y mae'n
bosibl y byddai gennym ragflaenydd i gylchgrawn byrhoedlog
Lewis Morris, *Tlysau yr Hen Oesoedd* (1735), a *Gorchestion
Beirdd Cymru* (1773) Rhys Jones o'r Blaenau.

Y mae'r geiriadur a lywiodd Siôn Rhydderch trwy'r wasg
dair blynedd ynghynt yn tystio ei fod yn cyfranogi o'r un
meddylfryd â dysgedigion yr unfed ganrif ar bymtheg a'r ail
ganrif ar bymtheg, er na chafodd ef, mwy na Thomas Jones,
awdur *Y Gymraeg yn ei Disgleirdeb*, fanteision addysgol
William Salesbury a John Davies, Mallwyd. Yr oedd Moses
Williams, disgybl mwyaf ymroddedig Edward Lhuyd, wedi
rhoi ei fryd ar ddiwygio geiriadur John Davies, Mallwyd, a
dwyn allan argraffiad newydd o'i ramadeg. Un o'r rhai a'i
cynorthwyodd trwy anfon ato restr faith o eiriau oedd Siôn
Rhydderch. Ni lwyddodd Moses Williams i fynd â'r maen i'r
wal, ond bu ei gynlluniau heb os yn ysgogiad i Siôn
Rhydderch. Un o gynlluniau Moses Williams oedd casglu
geiriau a dywediadau a glywid ar dafodleferydd. Dilyn ei
arweiniad ef a wnaeth Siôn, er iddo ennyn dirmyg Charles
Ashton mewn oes ddiweddarach. 'Un digon truenus
ydoedd', meddai am y geiriadur. 'Cynhwysai lawer o eiriau
gwerinaidd ac aflan na chanfyddir hwy mewn un Geiriadur,
na llyfr arall ni a goeliwn, sydd yn dal perthynas â'n
llenyddiaeth.' Ymddangosodd *The English and Welch
Dictionary* ym 1725, a gellir dilyn hynt a helynt y gwaith
trwy ddarllen cyfarchiad Siôn yn ei almanac blynyddol.
Clywir bod y geiriadur ar fin ymddangos ym 1720, ond nid
oedd yn nes i'r lan ddwy flynedd yn ddiweddarach. Erbyn
almanac 1722 câi Siôn ei orfodi i ddannod i'w gyd-Gymry eu
difaterwch a'u hamharodrwydd i gefnogi ei fenter:

> Gan hynny o'r tu arall, ni fedrai lai ond rhyfeddu weled
> mo'r ddi-Ystyr gan y rhan fwya o'r Cymru, eu hanwylaf
> (a ddylai fod) Famjaith eu hunain, y rhai sydd mor
> Llygoer Fursenaidd, ac Anniwyd, na chlywant ar eu

Calonnau gymmeryd ychydig o amser a phoen tuag at fod yn Gydnabyddus a'i Hiaith eu hunain, yr hon sy mor Ganmoladwy trwy holl Grêd gan y Dyscedig o bob Gwlâd, a hwythau eu hunain yn eu hammherchu a'i llysu, Gan ddal pôb gafael ac allant ar Gymmysg Ymadrodd Seisnig, a chwedi'r cwbl gan mwyaf yn Anhyddysg o bob un o'r ddwy.

Ar y llaw arall, fe'i calonogwyd gan frwdfrydedd y Cymry Llundeinig, aelodau o Gymdeithas yr Hen Frythoniaid, y cyfarfu â hwy yn ystod ei arhosiad yn y brifddinas, yn y flwyddyn 1720 neu 1721. 'Ni allai lai na dwyn ar ddeall i chwi y mawr Garedigrwydd gorchestol y mae yr addfwyn Gymru Ganedigol sy'n cyfanneddu Yng Haerludd, yn i ddangos iw gilydd, a thuag at Achlesu, a chynnal i fynu . . . y Ddilediaith, ddigymmysc . . . Frutanaeg'. Erbyn 1726 gallai Siôn lawenhau bod y gwaith wedi ei gwblhau 'trwy lafur boen a diwydrwydd mawr', ac wedi ei groesawu gan y dysgedigion: 'Fe gafodd y Llyfr yn barod Air da â chlôd rhai o'r Cymreigyddion enwoccaf Ynghymru.' Er nad yw'r awdur yn trafod ei gymhellion wrth ymgymryd â'r gwaith yn ei ragair, awgryma'r is-deitl mai swyddogaeth ymarferol y geiriadur oedd flaenaf yn ei feddwl. Cynnwys 'yr holl Eiriau sy' angenrheidiol i ddeall y ddwy Jaith, eithr yn fwy enwedigol, i Gyfieithu'r Saesneg i'r Gymraeg'. Gellid ei ddisgrifio, felly, yn llawlyfr ar gyfer y rhai hynny a fynnai drosi llyfrau o'r Saesneg i'r Gymraeg, ac awgrymwyd eisoes mai cyfieithiadau o weithiau defosiynol oedd prif gynnyrch argraffdy Siôn yn Amwythig. Y mae'n arwyddocaol fod traean y tanysgrifwyr yn wŷr eglwysig, a Theophilus Evans yn eu plith.

Y mae i'r geiriadur gyd-destun arall. Awgrymwyd i Siôn ddefnyddio ei almanaciau yn gyfrwng difyrru yn ogystal ag addysgu ei gynulleidfa. Cyhoeddodd bigion o gerddi beirdd y gorffennol, er mai yn achlysurol y gwnaeth hynny. Yr oedd ganddo, fel yr awgrymwyd, ddigon o ddeunydd cyfoes ac amserol y gallai ei arlwyo gerbron ei ddarllenwyr.

Cyhoeddodd hefyd nifer o'r areithiau pros, fel y'u gelwid, ymarferion rhethregol a dystiai i hyfedredd ieithyddol ac amlder Cymraeg y sawl a'u lluniodd. Ymddangosodd araith Gronwy Ddu yn almanac 1717 a 1718, ac araith Gruffudd ab Ieuan yn almanac 1722. Mwy dadlennol yw sylwadau Siôn ei hun yn almanac 1718 sy'n cyflwyno araith Siôn Mawddwy a oedd ar ffurf llythyr:

> Yn gymmaint a bod pawb yn hoffi Darllain, dyscu, Yscrifennu ac Anfon Llythyrau yn eu Hiaith eu hunain, ymhob Gwlad ac Ardal ond Nyni y Cymru y rhai ydym ganmwyaf ymhob ffordd a thuedd yn ceisio gorchfygu, difwyno ac adfeilio yr hynawsaidd ar gynt Ardderchawg Jaith Gymraeg . . .

Awgryma Siôn Rhydderch fod ei gyd-Gymry yn dechrau cefnu ar eu mamiaith, a chyfeiriodd Rhys Elis at yr un duedd mewn cyfres o dribannau a gyhoeddwyd yn *Cennad oddi wrth y Sêr* ym 1728:

> Rwy'n gweled er ys dyddiau
> Ar rai o'r Cymry feiau
> Am droi yn Saeson, wirion waith,
> A gwadu iaith eu mamau . . .
>
> Ac eto mae rhai dynion
> Yn coelio yn eu calon
> Mai rhyw anrhydedd, mawredd maith,
> Yw sisial iaith y Saeson . . .
>
> Pob Cymro mwyn, siaraded
> Gymraeg, a'i wlad na waded;
> Na roed ormod fyth ychwaith
> O serch ar iaith dieithried.

Gobeithiai Siôn y byddai ei eiriadur o fudd i'r Cymry hynny a oedd yn colli gafael ar eirfa'r Gymraeg. Yn ei dyb ef, yr oedd mawr angen geiriadur o'r fath:

A chan fod llawer o'r Cymru unjaith yn eu tybiaid eu
hunain yn dra chelfyddgar yn yr Jaith Gymraeg; ie yn eu
meddwl heb eu cyffelyb, mi a gefais odfa i wrando ar, ac
a fum ynghymdeithas y cyfryw, ac yn eu
hymddiddanion cartrefol, Deliais sulw ar y geiriau
canlynol, sef, Iwsio yn lle ymarfer. Mendio yn lle
gwellhau. Dangerus yn lle enbydus. Swpper yn lle
cwynos. Pocced yn lle llogell. Siawns yn lle damwain,
Brecffast yn lle torr cythlwng. Aer neu Aeres yn lle
Etifedd neu Etifeddes.

Dymunai Siôn Rhydderch ddiogelu'r Gymraeg yn ei
phurdeb a daliai ar bob cyfle i fynegi ei serch at yr iaith ac
i'w chlodfori ar gyfrif ei hynafiaeth a helaethrwydd ei geirfa.
Felly yr ymagweddai Dyneiddwyr yr ail ganrif ar bymtheg, a
pherthyn y geiriadur a'r geiriadurwr o'r herwydd i linach
anrhydeddus.

Ceisiwyd dangos bod dysg farddol y gorffennol yn bwnc
arall a oedd yn agos at galon Siôn ac iddo geisio ei ddiogelu a'i
hyrwyddo hithau. Mor ddiweddar â'r flwyddyn 1878 yr oedd
Gwalchmai (Richard Parry, 1803–97) yn hael ei glod i'r
Grammadeg Cymraeg: 'It is more minute, curious, and
copious . . . than any other author. Even Dr John Dafydd
Rhys's is not to be compared with it.' Ond nid oedd
anghenion y Cymry cyffredin yn llai pwysig yn ei olwg.
'Fe'n maethodd ni o'r Mwythig / Â llyfrau braf, llafur brig',
oedd tystiolaeth Dafydd Jones o Drefriw, gŵr a gyflawnai
wasanaeth nid annhebyg o ganol y ddeunawfed ganrif
ymlaen. Darparodd Siôn almanaciau a baledi ar eu cyfer,
sicrhaodd fod blodeugerdd Thomas Jones, *Carolau a Dyrïau
Duwiol*, yn cael ei hailgyhoeddi (a'i helaethu yn y fargen), a
chynullodd lyfryn hwyliog *Pum Rhyfeddod y Byd Neu Llyfr
newydd o Ddigrifwch ar Bummoedd i gyd, a 'Scrifennwyd
yn bendifaddau i ddifyrru'r Brutaniaid*. Honnir yn fynych
mai Beibl William Morgan a diwygiad Methodistaidd y
ddeunawfed ganrif a achubodd y Gymraeg, ond ni ddylid

diystyru dylanwad y deunydd blasus a phoblogaidd a arlwywyd gerbron y Cymry gan Siôn Rhydderch a'i debyg. Bu darllen eiddgar ar almanaciau a baledi print, a chynigiodd y rhain ddysg a gwybodaeth a diddanwch i genedlaethau o Gymry. Er mai tameidiog ar y gorau oedd yr addysg ffurfiol a ddaeth i'w rhan, tystia cynnwys a geirfa'r ddau gyfrwng hyn fod adnoddau ieithyddol y Cymry uniaith yn y ddeunawfed ganrif yn dra chyfoethog. Yr un pryd hyderai Siôn y byddai ei waith yn annog ei gyd-wladwyr i arfer ac i barchu'r iaith ac i ymserchu yn angerddol, fel y gwnâi ef ei hun, yn 'yr hên Frutanjaith Ardderchoccaf'.

DARLLEN PELLACH

J. H. Davies, *A Bibliography of Welsh Ballads Printed in the 18th Century* (Llundain, 1908–11).

Hywel Teifi Edwards, *Yr Eisteddfod* (Llandysul, 1976).

Geraint H. Jenkins, *Cadw Tŷ mewn Cwmwl Tystion* (Llandysul, 1990).

Geraint H. Jenkins, *Thomas Jones yr Almanaciwr 1648–1713* (Caerdydd, 1980).

J. Ifano Jones, *A History of Printing and Printers in Wales to 1810* (Caerdydd, 1925).

A. Cynfael Lake, 'Siôn Rhydderch y Bardd Caeth', yn Jason Walford Davies (gol.), *Gweledigaethau: Cyfrol Deyrnged yr Athro Gwyn Thomas* (Llandybïe, 2007).

A. Cynfael Lake, 'Siôn Rhydderch a'r Eisteddfod', yn Tegwyn Jones a Huw Walters (goln.), *Cawr i'w Genedl* (Llandysul, 2008).

E. G. Millward, 'Gwerineiddio llenyddiaeth Gymraeg', yn R. Geraint Gruffydd (gol.), *Bardos: Penodau ar y Traddodiad Barddol Cymreig a Cheltaidd* (Caerdydd, 1982).

Bob Owen, 'Sion Rhydderch yr Almanaciwr, 1673–1735', *The Journal of the Welsh Bibliographical Society*, III (1930).

Helen Ramage, 'Yr Eisteddfod', yn Dyfnallt Morgan (gol.), *Gwŷr Llên y Ddeunawfed Ganrif a'u Cefndir* (Llandybïe, 1977).

CYFLAFAN DOLGELLAU

Hywel Teifi Edwards

Mae yr olygfa yn ofnadwy a dychrynllyd i'r eithaf – y traed wedi eu tori ymaith wrth y fferau – y coesau wrth ben y gliniau ac yn môn y morddwydydd, y canol wedi ei dori yn yr asenau, y pen wedi ei dori wrth yr ysgwyddau, a'r ddwy fraich yn y bôn wrth yr ysgwyddau. Ar rai rhanau o'r corph yr oedd ol llaw anghelfydd, am fod y llofrudd wedi cynyg hacio unwaith neu ddwy cyn cael hyd i'r cymalau i wasgaru yr aelodau. Yr oedd trywaniad dwfn yn y frest yn cyrhaeddyd trwodd at y galon, a meddylir mai hwn oedd y trywaniad cyntaf. Yr oedd y pen hefyd wedi ei niweidio yn fawr.

Yr Herald Cymraeg, Gorffennaf 1877

Ar 28 Tachwedd 1877, o fewn ychydig wythnosau i'w farwolaeth ef ei hun ar 13 Rhagfyr, cyhoeddodd *Y Faner* un o'r 'Llythyrau' mwyaf sobreiddiol i'r enwog John Griffith (Y Gohebydd) ei ysgrifennu yn ystod ugain mlynedd o wasanaethu prif wythnosolyn y Gymru Gymraeg yn oes Victoria. Dan y pennawd 'Tachwedd y Drydydd ar Hugain,'77!' lleisiodd gohebydd mwyaf dylanwadol ei ddydd gri drallodus a oedd, o ran dwyster ei gofid am enw da'r Cymry, yn nodedig mewn canrif pan fu'r union ofid hwnnw ar daen droeon yn y Gymraeg a'r Saesneg. Ymateb yr oedd 'Y Gohebydd' i grogi Cadwaladr Jones gan y dienyddiwr cyhoeddus William Marwood yng ngharchar Dolgellau ar 23 Tachwedd am lofruddio Sarah Hughes. Ond yr oedd tipyn mwy yn y fantol na chyfiawnder i'r druanes honno, fel y tystiodd ef:

A chymmeryd pob peth i ystyriaeth, dyma y diwrnod duaf a welodd Cymru o fewn y ganrif bresennol! Nis gallwn feddwl am amgylchiad a gymmerodd le o fewn y ganrif hon a adawa *ystaen* a sudda mor ddwfn, ystaen – y bydd mor anhawdd ei olchi ymaith yn y dyfodol – a'r hon a adawa gyssylltiad yr enw 'MARWOOD' a thref Dolgellau foreu y trydydd ar hugain o'r mis Tachwedd presennol.

Pregeth nad oedd modd camddeall ei gwersi oedd dienyddiad Cadwaladr Jones y tu ôl i furiau carchar Dolgellau, pregeth y dylid gofalu bod ei gwersi yn cael eu gyrru 'at galon pob dyn ieuangc a dynes ieuangc trwy Gymru'. Ni allai neb wadu hynny.

Ond aethai'r 'Gohebydd' yn brae i syniad a'i llethai wrth bondro'r holl enbydrwydd, syniad nas gollyngai:

Fod gan yr Arglwydd gŵyn neillduol yn erbyn Cymru cyn y buasai yn goddef i'r fath beth a hyn i ddigwydd yn

19 Ffotograff gan John Thomas o John Griffith, 'Y Gohebydd' (1821–77).

ein mysg; cyn y buasai yn goddef i'r fath 'flotyn du' ag ydyw hwn i ddisgyn fel hyn i ystaenio caritor cymmydogaeth lân, oleuedig, foesol, a chrefyddol Dolgellau a'r cwmpasoedd; y gymmydogaeth olaf yn yr holl fyd y buasem ni yn disgwyl i'r fath aflwydd a hyn gymmeryd lle ynddi.

A oedd Duw am gosbi Cymru grefyddgar megis y dywedasai wrth Samuel ei fod am gosbi tŷ Eli, 'am yr anwiredd a ŵyr efe!' – 'for the iniquity which he knoweth!'? Rhaid fod Duw wedi caniatáu anfadwaith Cadwaladr Jones am fod Cymru heb fwrw allan yr anwiredd y gwyddai'n dda ei fod yn llochesu ynddi:

Ai nid ydyw yr holl helynt ynglŷn â'r gyflafan hon yn Nolgellau yn ardystiad nad ydyw 'Cymru lân', ar ol y cwbl, o gryn lawer mor lân ag y buasid yn dymuno iddi fod! Fod yma hyd yn oed yn rhai o'r ardaloedd a ystyriem fel y mwyaf moesol, goleuedig, a chrefyddol yn ein tir, gorsydd afiach a heintus yn cael eu goddef – corsydd ag ydynt drwy y blynyddoedd fel 'ulcers' yn y cymmydogaethau lle y maent – corsydd y dylasai fod 'public sentiment' y wlad wedi eu sychu cyn hyn er's hir amser.

Y cam cyntaf ar y ffordd yn ôl at ffafr gyda Duw fyddai cymryd dienyddiad Cadwaladr Jones yn destun pregeth ddiangof am yr 'anwiredd' yn enaid y genedl y byddai'n 'rhaid magu a meithrin syniad newydd yn y wlad mewn perthynas iddo'.

Fel yn *Y Faner*, felly hefyd yn *Yr Herald Cymraeg*, *Y Genedl Gymreig*, *Y Goleuad*, a *Tarian y Gweithiwr*; yn y *Carnarvon and Denbigh Herald*, y *North Wales Chronicle*, y *South Wales Daily News* a'r *Western Mail*, byddai llofruddiaeth Sarah Hughes yn bwrw cysgod dros newyddiaduriaeth ail hanner y flwyddyn 1877. Nid oedd gan

Llythyr y 'Gohebydd.'

TACHWEDD Y DRYDYDD AR HUGAIN, '77!

A CHYMMERYD pob peth i ystyriaeth, dyma y diwrnod duaf a welodd Cymru o fewn y ganrif bresennol! Nis gallwn feddwl am amgylchiad a gymmerodd le o fewn y ganrif hon a adawa *ystaen* a sudda mor ddwfn, ystaen—y bydd mor anhawdd ei olchi ymaith yn y dyfodol—a'r hon a adawa gysylltiad yr enw "MARWOOD" a thref Dolgellau foreu y trydydd ar hugain o'r mis Tachwedd presennol. Yr oeddym o hyd yn rhyw ddiogel obeithio y buasid yn llwyddo yn y diwedd i gadw MARWOOD draw; y buasai yr Ysgrifenydd Cartrefol yn gweled ei ffordd i roddi i'r condemniedig *benefit of the doubt* pa un a oedd wedi rhagfwriadu cymmeryd ymaith fywyd y wraig ai nad oedd: o blegid ar hyny— y *rhagfwriad* o'r peth—yr oedd ei fywyd, wedi y cyfan, yn troi: a chan nad oedd y rheithwyr a eisteddent ar ei achos wedi gweled yn briodol, ar bwys unrhyw ammheuaeth a allasai fod ar eu meddwl hwythau o barth i'w ragfwriad fel, pan yn cyhoeddi yn ei 'erbyn ddedfryd o " euogi" i gysylltu â hyny *recommendation to mercy*—ac yr oedd y barnydd a brofodd yr achos yn ddiammheuol wedi gadael y " glicied" hono yn hollol at law y rheithwyr: ond gan na welsant meddwn, yn briodol i wneyd hyny, mae yn eglur nad oedd yr Ysgrifenydd Cartrefol yn gweled ei ffordd i ymyryd yn y mater, er cymmaint *pressure* a roddwyd arno i hyny. Felly, nid oedd dim i'w wneyd ond i'r gyfraith gymmeryd ei chwrs ei hun. Nid oedd un gallu arall allasai attal llaw oer y dienyddiwr am gyfnod o chwarter awr!

Nid ydym yn synu dim i glywed am y teimlad dwys ag oedd wedi meddiannu yr oll o'r parthi yna o'r wlad, fel yr oedd dydd y dienyddiad yn agoshau. Nid oeddym yn synu dim i glywed nad oedd saer i'w gael yn yr holl wlad a gawsid am unrhyw gyflog i osod i fyny grogbren, fel y bu orfod i'r sirydd i gyrchu crogbren o Gaer. Ac ar ol ei gael gyda'r trên i gwr y dref, nid oedd c effylau a geid yn yr holl gymmydogaeth i lusgo yr offeryn ammharchus o orsaf Llynpenmaen i'r carchardy; fel y bu y sirydd dan orfod i anfon ei geffylau ef hun i'w lusgo. ' *Superstition* ' y geilw rhai o'r papyrau Seisnig hyn : ofergoeledd y Cymry! Na, nid teimlad o ofergoeledd yn gymmaint; ond teimlad o ddygasedd y wlad yn erbyn swyddogaeth a phereon y dienyddwr.

Awgrymasom ar y dechreu, ac yr ydym yn ail ddyweyd, nad ydym yn gallu dwyn i'n côf am uu diwrnod duach âr hanes Cymru o fewn y ganrif bresennol, a chymmeryd pob peth i ystyriaeth, na'r diwrnod y cyfeiriasom ato, y trydydd dydd ar hugain o'r mis hwn, Tachwedd. Pan gymmerom i ystyriaeth, i ddechreu, y rhan o Gymru y cymmerodd yr ysgelerdra le ; oedran, dygiad i fyny, a sefyllfa gymdeithasol y llofrudd; moesoldeb diarebol a chrefyddolder y gymmydogaeth ; caritor uchel Meirionydd yn mysg ei chwiorydd—mae y pethau hyn, erbyn y gosodir hwy gyda'u gilydd yn gwneyd yr amgylchiad y duaf a'r gwrthunaf y gallwn feddwl am dano.

20 Darn o lythyr 'Y Gohebydd' yn *Y Faner*, 28 Tachwedd 1877.

'Y Gohebydd' fonopoli ar ymarswydo ac ymofidio, ar ymgroesi rhag trythyllwch ac ymgyrchu dros rinwedd a chyfiawnder. Ond beth ynglŷn ag anfadwaith Cadwaladr Jones a barodd i'r newyddiadurwr profiadol hwnnw arfer eithafiaith wrth ymateb iddo? Y peth cyntaf i'w wneud yw braslunio hanes yr alanas, yn bennaf ar sail adroddiadau'r *Herald Cymraeg*.

Yn wraig ddibriod, 36 oed, ac yn fam i ddau o blant siawns, trigai Sarah Hughes gyda'i chwaer hŷn, Margaret, ym Mhen-craig, Brithdir, heb fod ymhell o Goed-bach, cartref eu rhieni oedrannus. Yn ôl Margaret, yr oedd Sarah cyn gryfed ag ambell ddyn, yr oedd yn gyfarwydd â gweithio yn y caeau, a phan na fyddai'n ei helpu hi, âi allan i olchi dillad a glanhau tai. Ers ychydig cyn y Groglith tan ddydd Sadwrn, 2 Mehefin 1877, bu'n forwyn yng Nghoedmwsoglog, lle'r oedd Lewis Jones, tad Cadwaladr, yn feili, a bu'r mab yntau yno'n gweithio yr un pryd â hi. Ar nos Lun, 4 Mehefin, ar ôl mynd ar neges i Ddolgellau, diflannodd Sarah Hughes. Fe'i gwelwyd gan fwy nag un tyst ar ei ffordd adref yn holliach tua naw o'r gloch, ond ni fu na siw na miw ohoni wedyn. Chwiliwyd amdani yn ddyfal gan bobl leol a edliwiai i'r plismyn eu dihidrwydd. Ond yn ofer. Ac yn anorfod aeth diflaniad Sarah Hughes yn destun dyfalu a drwgdybio.

Ar fore Llun, 16 Gorffennaf, ar ôl glaw trwm di-baid ar y Sul, yr oedd afon Aran mewn llif chwyrn ar ei thaith o Lyn Bach, trwy Fwlch Coch a thref Dolgellau, i ymuno ag afon Wnion. Rhwng chwech a saith o'r gloch y bore, wrth i eneth ddeng mlwydd oed groesi'r bompren led afrosgo rhwng Meyrick House a sgwâr Dolgellau, ychydig islaw sarnau'r Felin-uchaf, gwelodd fraich, wedi ei dal yn dynn gan y llif wrth y coedach o gwmpas un o bileri'r bompren:

> Canfyddid fod y fraich yn cofleidio'r ganghen onnen, fod gogwydd ymgofleidiad y fraich tuag i fyny, ac fod y llaw, a dau fys ar y llaw hono wedi eu rhwymo mewn

cadachau, yn llydan agored, fel pe yn awgrymu, 'Hyd yma yr âf, ac nid yn mhellach, hyd nes y byddo'r weithred halog a gyflawnwyd ar y bryn uwchlaw wedi ei dwyn i oleuni!'

Erbyn canol dydd, ar ôl chwilio'r afon, yr oedd un darn ar ddeg o gorff dynol wedi eu dwyn ynghyd i dloty'r dref, a chorff Sarah Hughes ydoedd heb os:

> Mae yr olygfa yn ofnadwy a dychrynllyd i'r eithaf – y traed wedi eu tori ymaith wrth y fferau – y coesau wrth ben y gliniau ac yn môn y morddwydydd, y canol wedi ei dori yn yr asenau, y pen wedi ei dori wrth yr ysgwyddau, a'r ddwy fraich yn y bôn wrth yr ysgwyddau. Ar rai rhanau o'r corph yr oedd ol llaw anghelfydd, am fod y llofrudd wedi cynyg hacio unwaith neu ddwy cyn cael hyd i'r cymalau i wasgaru yr aelodau. Yr oedd trywaniad dwfn yn y frest yn cyrhaeddyd trwodd at y galon, a meddylir mai hwn oedd y trywaniad cyntaf. Yr oedd y pen hefyd wedi ei niweidio yn fawr.

Yn wyneb prawf mor ysgytiol o wrthuni a barai i ddyn amau ei fod 'yn byw mewn gwlad wareiddiedig, ar ol yr holl bregethu a'r canmol', mater o ddiogelu anrhydedd y genedl fyddai dwyn y fath anghenfil o lofrudd i lys barn.

Mewn trengholiad brysiog gerbron Griffith Jones-Williams, crwner sir Feirionnydd, a phedwar ar ddeg o reithwyr lleol, gyda'r Prif Gwnstabl, Capten H. Lloyd Clough, hefyd yn bresennol, tystiodd ei thad a'i chwaer Margaret mai corff y druanes Sarah Hughes a godwyd bob yn ddarn o afon Aran – y cyfan ohoni ac eithrio darn helaeth o'r goes chwith. Ni chynhaliwyd trengholiad ffurfiol tan 1 Awst, ond claddwyd gweddillion Sarah Hughes, wedi gwasanaeth preifat, ym mynwent Rhyd-y-main ar brynhawn dydd Mawrth, 17 Gorffennaf.

Trannoeth ei chladdu, wedi iddo gyffesu o'i wirfodd i'r plismyn mai ef a'i lladdodd, arestiwyd Cadwaladr Jones yn nhyddyn y Parc a'i garcharu yn Nolgellau. Cwta wythnos ar ôl diflaniad ei chwaer, cawsai Margaret Hughes gyfle i'w holi am y dirgelwch, ac ni wnaethai ond dweud yn dawel nad oedd ganddo'r un esboniad i'w gynnig. Aethai i gartref Margaret yn ddiweddarach i ofyn a gâi'r eneth fach yno 'fyned i siglo y cryd yn ei dŷ ef yn Parc', ac ar fore ofnadwy 16 Gorffennaf fe'i gwelwyd ar lan yr Aran fel petai yntau'n pysgota am ddarnau o gorff drylliedig Sarah Hughes. Yn wir, aeth gyda'r dorf i'r tloty lle'r oedd y darnau a godwyd o'r afon i'w rhoi ynghyd. Ac er gwaetha'r ffaith fod Dolgellau yn ferw o sibrydion, a'i bod yn bur annhebygol na wyddai fod cryn 'siarad' am ei berthynas ef â'r llofruddiedig er pan fuont yn gyd-weithwyr am gyfnod yng Nghoedmwsoglog, ni chadwodd draw o'r dref ar ddiwrnod ei chladdu. Gellid meddwl ei fod, fel llawer llofrudd gynt a chwedyn, am gael ei ddal.

Fodd bynnag, nid oedd gan y plismyn lleol ddim rheswm solet dros ei amau ef yn arbennig pan aeth Sarsiant Hugh Williams o Gorwen i weld tad Sarah Hughes i ofyn iddo a oedd yn drwgdybio rhywun penodol o'i llofruddio. Enwodd yntau Cadwaladr Jones yn ddibetrus. Yn blygeiniol ar fore Mercher, 18 Gorffennaf, aeth yr Arolygydd Owen Jones o Ddolgellau, ynghyd â'r Uwcharolygydd Hughes o Dywyn, Sarsiant Williams o Gorwen, a dau gwnstabl (un ohonynt o'r enw Cadwaladr Jones) allan i'r Parc, ac ymhen ychydig oriau yr oedd llofrudd Sarah Hughes yn y ddalfa a gwewyr 'Y Gohebydd' (un o feibion Meirionnydd) a'i gyd-wladwyr wedi dechrau.

Lle bach tlawd a diarffordd, mewn pantle ar ben y bryniau tua milltir o Ddolgellau, oedd y Parc, lle'r aeth Cadwaladr Jones i fyw gyda'i wraig a'u baban ym mis Mai 1877. Am ddecpunt y flwyddyn o rent, yr oedd ganddynt gae neu ddau i borthi buwch, llo, pum dafad a dau neu dri o

ŵyn. Nododd 'gohebydd neillduol' *Yr Herald Cymraeg* yr
olwg 'dlodaidd a diolwg' ar y tŷ – pedair ffenestr, un corn
simne a tho llechi – a godwyd ryw bum canllath o afon Aran
yng nghanol mawndir. Yr oedd ei leoliad yn amlwg wedi
gwneud argraff arno:

> Saif yn un o'r lleoedd mwyaf anhygyrch, eto prydferth,
> y bum i ynddo erioed. Os ydyw unigedd yn cynorthwyo
> crefydd, diamheu mai yma y gallai wneud hyny. Ar y
> llaw arall, os ydyw unigedd yn fangre gynnwynol trais,
> dyma, o bob mangre ofnadwy ac unig, y lle mwyaf
> erchyll-gyfaddas.

Heb sôn am ddyn nac anifail yn unman pan aeth yno, barnai
mai'r Parc oedd y lle mwyaf unig a welsai erioed ond, fel y
pwysleisiodd y *South Wales Daily News*, yr oedd tir y
lladdfa yn rhan 'of the classic land of Cambria, teeming
with memories of OWAIN GLYNDWR, and the traditional
glories of the Principality'. Yr oedd eisoes yn dynfa i
dwristiaid.

O flaen yr ynadon yn Neuadd y Sir ar 19 Gorffennaf
adroddodd yr Arolygydd Owen Jones sut yr aeth ef a'i gyd-
blismyn, ar orchymyn y Prif Gwnstabl, i'r Parc erbyn pump
y bore ar 18 Gorffennaf. Pan ddaeth Cadwaladr Jones allan
ymhen tipyn cafwyd ei ganiatâd i fynd i'r tŷ, ac aeth yr
Arolygydd Jones i chwilio'r ddwy ystafell wely. Yn sydyn a
digymell dywedodd Cadwaladr Jones: 'Waeth i chwi heb
drafferthu yn mhellach, Mr Jones, yr wyf fi yn dymuno
dyweyd mai fi ddarfu!' Wedi ei rybuddio y gellid defnyddio
pob gair o'i enau yn dystiolaeth yn ei erbyn, gofynnodd yr
Arolygydd iddo'n ffurfiol, yng nghlyw y cwnstabliaid
Vaughan a Jones, a oedd am gyffesu mai ef a laddodd Sarah
Hughes: 'Dywedodd yntau mewn llais croew: "Ydwyf! Y fi
ddarfu ladd Sarah Hughes ac nid neb arall. Dyna y
gwirionedd."' Ailadroddodd ei gyffes yng nghlyw Sarsiant
Williams hefyd. Yna, arweiniodd y plismyn i'r beudy ac

21 Y llofrudd Cadwaladr Jones.

ymlaen i'r ardd lle y pwyntiodd at fan dan gangau coed:
'"Yma y bu pob peth". . . . Dychwelasom i'r tŷ, ac aethom
drwy ran o'r tŷ, a gofynodd am genad i fyned a'i Feibl gydag
ef. Aethom ag ef i Ddolgellau.' Pan ofynnwyd gan y Fainc a
wnaethai'r carcharor unrhyw sylw arall, dywedodd yr
Arolygydd Jones iddo ofyn iddynt: 'A ydych chwi yn credu a
wna yr Arglwydd faddeu i mi am yr hyn a wnaethym?'
Atebasai yntau ei fod yn credu y câi faddeuant.

Trwy gydol yr achos yn Llys yr Ynadon gwrandawodd y
cyhoedd yn syfrdan, diolch i ruglder David Pugh, y
cyfieithydd, ar y naill dyst ar ôl y llall yn adrodd cyfres o
ffeithiau erchyll yr oedd yn rhaid eu cysylltu â'r Cymro
ifanc o'u blaen. Dywedodd John Edwards, gweithiwr yn
ffatri Fron-goch, iddo godi'r droed chwith a'r pen (heb wallt
na llygaid) o'r afon. Pan oedd yn codi'r pen daeth Cadwaladr
Jones ato, a dywedodd John Edwards wrtho ei bod yn fore

sobr iawn, eu bod wedi dod o hyd i gorff Sarah Hughes: '"Dear me", oedd ei unig atebiad. Gofynais a oedd yn ei hadnabod. Dywedodd ei fod yn "rheit dda". Ni chymerodd dim arall le rhyngom.' Fe'i gwelwyd gan Humphrey Williams, pannwr yn y Pandy Uchaf, am hanner awr wedi chwech y bore Llun ofnadwy hwnnw pan godod goes a darn o bais o'r afon. Sylwodd fod ganddo wialen gollen a rhyw fath o linyn ynghlwm wrthi, ac edrychai fel petai'n pysgota. Ond yr oedd yn dra aflonydd. Croesodd bompren y Pandy at y fan lle y cafwyd y pen, dychwelodd yn sydyn a mynd tua'r Parc. Gwelodd John Edwards ef drachefn, tua hanner awr wedi naw, ger y Pandy a cheisiodd ymddiddan ag ef:

> Dywedais wrtho:– 'A welsoch chwi erioed y fath beth?' Ni roddodd yr un ateb ond 'mwmian' a dywedyd dim. Nid oedd yn ymddangos fel yn chwilio yr afon. Yr oedd tua phum can' llath o'i dŷ.

Pan ddisgrifiodd yr Uwcharolygydd Hughes yr hyn a ddigwyddodd pan arweiniwyd hwy at y bedd yn yr ardd, aeth ias o arswyd trwy'r llys. Meddai Hughes: 'Yr oedd gan Cadwaladr Jones gi a rhuthrodd heibio i mi a chymerodd rhywbeth yn ei geg. Cymerais ef oddiarno. Cnawd oedd. Daethym ag ef i'r police station yn Nolgellau. Sylwais fod rhywbeth fel ewinedd wrth y darnau cnawd.' Y mae'n hawdd deall paham y mynnodd priod y llofrudd fod yn rhaid saethu'r ci cyn iddi ffoi o'r Parc. Aethai'n greadur Satanaidd yn ei golwg. A phan glywyd tystiolaeth Dr Edward Jones, tystiolaeth a ategwyd gan y llawfeddyg Dr Humphrey Lloyd Williams, prin y gellid amau bod llofruddiaeth Sarah Hughes yn anfadwaith cynddrwg â dim a ddisgrifiwyd erioed yng ngholofnau erch yr *Illustrated Police News*.

Aeth y stori ar led fod Cadwaladr Jones wedi gwylltio ar ôl clywed bod y plismyn am ddod â gwaetgwn i ffroeni trywydd Sarah Hughes, iddo godi'r corff, ei ddarnio yn y beudy, a thaflu'r darnau i afon Aran, gan gredu y byddai'r llif wedi glaw trwm 15 Gorffennaf yn siŵr o ddwyn y cyfan i'w boddi yn eigion y môr. Onid oedd sôn, yn ôl un o'r rheithwyr, fod ffermwr ger Brithdir wedi cwrdd fin nos â dyn yn cario sach drewllyd ei gynnwys ar bont Pontnewydd? Fe'i cyfarchodd, ond ni chafodd ateb ganddo. Wedi gwrando'n astud ar bob tyst ac ar sylwadau T. H. Clough, Corwen, dros yr erlyniad, a W. R. Davies dros yr amddiffyniad, yr oedd dyletswydd rheithgor Llys yr Ynadon ar 19 Gorffennaf yn glir. Byddai'n rhaid dal Cadwaladr Jones yng ngharchar Dolgellau tan ei brofi mewn brawdlys. A dyna lle y bu, tan ei symud i garchar Caer ddiwedd Hydref i sefyll ei brawf gerbron y Barnwr Manisty ar 7 Tachwedd.

Trannoeth penderfyniad Llys yr Ynadon dechreuodd y wasg yng Nghymru lifoleuo gwir enbydrwydd llofruddiaeth Sarah Hughes. Am ei bod hi yr hyn ydoedd, bu'n gyfrwng i wneud adyn o Cadwaladr Jones a'i droi, nid yn gymaint yn ddinistriwr bywyd unigol ag yn ddamniwr cymeriad cenedl – y genedl y dibynnai dilysrwydd 'Cymru lân, Cymru lonydd' ar ei hymddygiad diargyhoedd. Ofn tranc y ddelwedd gyfadferol honno sy'n cyfrif am ymateb coelfawr 'Y Gohebydd' yn *Y Faner*, a'r hyn sy'n rhoi i lofruddiaeth Sarah Hughes arwyddocâd hanesyddol yw'r goleuni y mae'n ei daflu ar y drwg seicolegol a wnâi cenedl fechan iddi hi ei hun wrth geisio cynnal delwedd a oedd yn rhwym o droi'n ormes a'i llithio i fyw twyll, a hunan-dwyll.

Ers helynt 'Brad y Llyfrau Gleision', bu'r Gymru Anghydffurfiol, Gymraeg ei hiaith, yn niwrotig ei hymboeni am ei graen yng ngolwg y byd, gan osod baich trymaf ei disgwyliadau ar ysgwyddau gwerin gwlad na châi anghofio am ddiwrnod ei bod yn geidwad enw da cenedl grefyddgar a sychedai am glod. A chynnyrch y werin honno oedd Cadwaladr Jones, mab i fam a thad yr oedd y Beibl yn llyfr y bywyd iddynt yn wir, a gŵr ifanc wedi ei fagu ym Meirionnydd, y sir a oedd megis canolbwynt i'r ddelfryd o

Gymru yr oedd yn rhaid ei nerthu. Daethai brad 'o'r tu mewn' i sigo'r genedl i'w sail a'i gwneud bron yn amhosibl trafod y 'weithred fall' yn gall. Yn *Y Genedl Gymreig*, englynodd 'Mervinian' wae ei gyd-wladwyr wedi 'Cyflafan Sir Feirionnydd':

> Trwy Meirion y mae trem oerwedd – ar bawb
> O'r bobl uwch celanedd;
> O! lunio'r fath greulonedd,
> Yn ngwawl hoff efengyl hedd.

> Braw ar bawb nes sobri'r byd – ddilynodd
> Alanas ddychrynllyd;
> Er ei gloes ca fy mro clyd,
> Edliw'r gyflafan waedlyd.

Yr edliw – ofn yr edliw yn fwy na dim a drwblai'r Cymry wedi 16 Gorffennaf 1877. Ofnent frath condemniad a dirmyg Lloegr. Yr oedd *Yr Herald Cymraeg* wedi gobeithio mai Sais, neu'n well fyth mai Gwyddel, fyddai'r llofrudd. Onid Gwyddel oedd yr Henry Tremble brwnt a saethodd y bonheddwr John Johnes, Dolaucothi, yn haf 1876, gan roi cyfle i ambell Anghydffurfiwr o Gymro i edliw i Gatholigiaeth ei chollineb? Ond na – 'ffermiwr (mae yn ofidus genym ddyweyd) Cymreig' oedd y llofrudd, a chyflawnodd ei fryntwaith yr union adeg yr oedd yr Uwch Farnwr Syr Frazier Kelly ym mrawdlys Dolgellau yn derbyn pâr o fenig gwyn gan Uchel Siryf Meirionnydd yn brawf o ddaioni'r bobl. Ni allai Dewi Ffraid ond torcalonni:

> Meirion wen dan ddalen ddu, – a'i menyg
> Dymunol yn llygru!
> Fy ngwlad hardd o dan barddu,
> A lliw gwaed ar ei llaw gu.

Ac yr oedd lle i ofni bod drwg mwy i ddod. Clywsai'r *Herald Cymraeg* fod 'un o gyhoeddiadau darluniadol Llundain' wedi anfon arlunydd i sgetsio'r Parc a'r gwahanol fannau cysylltiedig â'r llofruddiaeth, 'a diamheu y gwneir y defnydd goreu o'r amgylchiad unigol hwn i bardduo Cymru'. Y gwir, fodd bynnag, yw mai'r wasg yng Nghymru a fynnai ymborthi ar lofruddiaeth Sarah Hughes. Wedi'r cyfan, yr oedd gan Loegr ei llofruddion ei hun i hybu cylchrediad ei newyddiaduron, megis y barbwr gwyrdroëdig William Fish a dreisiodd ac a ddarniodd gorff yr eneth Mary Holland yn Blackburn ym mis Ebrill 1876, a Henry Wainwright a gyflawnodd gyffelyb drosedd ym Mehefin 1874 yn erbyn ei ordderch, Harriet Lane, yn Whitechapel, Llundain. Dan y pennawd 'Trading on Murder', cyhuddwyd y *Carnarvon and Denbigh Herald* gan y *North Wales Chronicle* o ragori ar yr *Illustrated Police News* yn ei ddiléit mewn ffieidd-dra, 'while the whole affair is spun out, capitalised, and digressed upon with personal reflections in a manner which shows that Yankee journalism has been deeply studied at Carnarvon'.

Mewn llith olygyddol ar 'Gwersi y Gyflafan yn Meirionnydd' ymatebodd *Y Goleuad* i honiad yn un o'r newyddiaduron Saesneg fod Cadwaladr Jones yn aelod gyda'r Methodistiaid Calfinaidd. Fe'i gwadwyd yn ddi-oed, gan obeithio 'na wnaed yr hysbysiad gydag unrhyw amcan iselwael'. Efallai iddo fod yn wrandawr achlysurol, 'ond ni fu erioed yn honi unrhyw berthynas â'r Methodistiaid, hyd yn oed fel gwrandawr'. Pa newyddiadur bynnag yn Lloegr a darfodd ar *Y Goleuad*, y gwir yw nad oedd eisiau edrych ymhellach nag Aberystwyth am wythnosolyn Saesneg i beri blinder i gynheiliaid Anghydffurfiaeth Gymraeg. Yr oedd John Gibson, golygydd miniog y *Cambrian News*, yn fwy na pharod i edliw i'r Cymry ddiffygion eu crefydda. Ym 1879 byddai'n ysgrifennu cyfres o ysgrifau am flwyddyn gron ar 'Religion in Wales' – cyfres blaen iawn ei dweud – ond yr oedd wedi bod wrthi'n hogi arfau ei feirniadaeth lawer tro cyn hynny, megis ym misoedd Mai a Medi 1876, pan fu'n traethu ar 'Welsh and English Morals' ac 'Immorality in Wales', gan gael blas ar ddweud pethau fel: 'George Eliot's novels are proscribed, but the *Police News* is circulated by office bearers in the church, and teachers in Sunday School!' Ac eto: 'A high sense of honour, an uncompromising spirit of honesty, and a fearless regard for truth, are not conspicuous results of religious teaching in Wales.'

Fel petai'n ymateb yn uniongyrchol i gollfarn Gibson, cyhoeddodd *Y Goleuad* felltith ar anniweirdeb a godineb yng Nghymru. Dyna'r pechodau a ddarniodd Sarah Hughes. Yr hyn a barodd amau Cadwaladr Jones, yn ôl *Yr Herald Cymraeg*, oedd 'ei gysylltiad – cysylltiad dirgel, anfoesol, ac anllad, gyda'r drancedig'. Yr oedd cnawdolrwydd yn gwenwyno'r wlad, 'llyfrau a darluniau aflan i'w cael yn ddirgelaidd yn nwylaw llawer o ieuenctid ein gwlad, ac yn enwedig gweision a morwynion'. Yr oedd yn bryd cael crwsâd er 'magu chwaeth at burdeb a diweirdeb dihalog'. Ac yn sicr yr oedd hi'n hwyr bryd i ddynion ymagweddu'n fwy gwaraidd at y ferch. Yr oedd ei rhoi 'i wynebu ar lafur caled ar yr un tir a'r meibion' yn rhwym o'i gosod 'yn agored i ymddygiadau brwnt ac anweddus'. Dylid gwneud mwy i 'feithrin yn ein plant a'n pobl ieuainc deimlad o barch i'r rhyw fenywaidd a thynerwch tuag ati'.

Ni raid ond darllen gwaith yr hanesydd Russell Davies, yn enwedig *Hope and Heartbreak* (2005), i weld cymaint o annhegwch a chreulondeb a ddioddefai'r ferch yng Nghymru batriarchaidd oes Victoria, ac ym Meirionnydd ym 1877 yr oedd hi gryn dipyn yn rhy gynnar, gan mor salw ei hanes personol, i achub cam Sarah Hughes yn gyhoeddus. Y farn gyffredin oedd mai ei hanian hwrllyd hi a wnaethai Cadwaladr Jones yn llofrudd ac yn fradwr i'w wlad. Buasai hi farw yn ddarostyngedig ac yn anedifeiriol. Fe gâi ei llofrudd gyfle i ennyn cydymdeimlad ar gyfrif duwiolfrydedd ei rieni ac amlygrwydd ei edifeirwch yntau.

Tra oedd yn y carchar yn Nolgellau ceisiai gysur ei Feibl

yn ddi-baid, canai emynau, ac ymunai'r gwarcheidwaid yn y gân yn fynych. Cafodd bob gofal gan Owen Thomas, rheolwr y carchar, a'r caplan, y Parchedig Evan Lewis, a bu'r Parchedig David Griffith, gweinidog Tabernacl yr Annibynwyr yn y dref, hefyd yn ymweld ag ef. Yr oedd David Griffith yn eisteddfodwr, yn draethodwr o fri, ac yn Eisteddfod Genedlaethol Caernarfon 1877 byddai'n ennill y wobr am draethawd ar 'Nodwedd Presenol Cymdeithas yn Nghymru gydag awgrymiadau at Ddiwygiad'. Wrth reswm, nid oedd ei wlad yn ddi-fai yn ei olwg ef; yr oedd gormod o 'bechodau cryfion' yn ffynnu ynddi o hyd; yr oedd anghrediniaeth ac anghymedroldeb yn y tir, a'r gelyn mawr oedd meddwdod – 'Goliath pechodau'r oes'. Arall oedd barn *Yr Herald Cymraeg*. Nid meddwdod yn gymaint ag anlladrwydd oedd 'wedi gosod y Dywysogaeth mor isel o ran ei moes ag ydyw o fechan o ran ei daearyddiaeth yn mhlith gwledydd eraill'.

Bu'n well gan David Griffith fynd o'r naill ochr heibio i anlladrwydd – cofier nad oedd Cadwaladr Jones yn feddwyn – ac er cymaint y blinid ef gan amrywiol wendidau cymdeithasol, yr oedd yn gwbl sicr mai gwlad i'w rhoi ar bedestal oedd Cymru o hyd. Y mae'n werth nodi i Brifwyl 1877, y gyntaf i'w chynnal ym Mhafiliwn enwog Caernarfon, fynd yn ei blaen yn hunan-longyfarchol fel arfer, er gwaetha'r holl daranu a fu am wythnosau ymlaen llaw yn y wasg am ddirywiad moes honedig y chwarelwyr diotgar. Yn eu hanerchiadau llywyddol gofalodd Henry Richard AS a'r Parchedig Ddr Herber Evans bwysleisio bod gwerin Cymru mor rhinweddol ag erioed, a chan fod Mynyddog, hoff fab y werin honno a'i harch-arweinydd eisteddfodol, wedi ei gladdu yn rhagluniaethol yn Llanbryn-mair ymhen wythnos ar ôl arestio Cadwaladr Jones, ni chafodd adyn Dolgellau fynediad i'r Pafiliwn i darfu ar y farwnad genedlaethol i Gymro a fu byw i ddifyrru a dyrchafu ei wlad.

Symudwyd ef i garchar Caer ar 26 Hydref i sefyll ei brawf
gerbron y Barnwr Manisty yn y brawdlys ar 7 Tachwedd.
Tyngwyd deuddeg o reithwyr, pob un ohonynt yn ddi-
Gymraeg 'a golwg ddeallus arnynt'. Unwaith eto cyflogwyd
David Pugh i gyfieithu rhag i'r carcharor gael yr un cam. J.
Ignatius Williams a Frederick Marshall, gyda C. B. Clough,
Corwen, i'w cyfarwyddo, a fyddai'n erlyn; ac Edward
Swetenham, wedi ei gyfarwyddo gan W. R. Davies,
Dolgellau, a fyddai'n amddiffyn. Ymddangosodd Cadwaladr
Jones gerbron y llys yn ei ddillad dydd Sul – 'top coat ddu,
dda, a choler velvet iddi. Dyn ieuanc, tua phum troedfedd
chwe' modfedd o daldra, gwallt llwyd-ddu, bochau tipyn yn
bantiog, ac yn colli ei wallt ar ei goryn'.

Yr oedd Cadwaladr yn dipyn gwell ei raen na phan
ymddangosodd gerbron ynadon Dolgellau ym mis
Gorffennaf; yr oedd rhyw wyth pwys yn drymach, diolch i'r
gofal a gawsai gan Owen Thomas a'r bardd Ieuan Ionawr.
Ond pwysicach na'i wedd allanol oedd ei ymddygiad
hunanfeddiannol. Er gwaetha'r ffaith i'r ynadon, ar gyfrif ei
gyffes ddiamwys, ei draddodi i sefyll ei brawf am
lofruddiaeth wirfoddol, mynnodd bledio'n euog i
ddynladdiad gerbron y Barnwr Manisty. Beth, neu'n fwy
problematig o lawer, pwy a'i perswadiodd i newid ei ble? Bu
cryn dipyn o ddyfalu – a dyna i gyd.

Ni pharhaodd yr achos ond diwrnod. Galwyd yr un
tystion ag a ddaeth gerbron yr ynadon yn Nolgellau; bu'r un
rhai, hefyd, yn barod â'u geirda i gymeriad y carcharor. Yr
oedd tystiolaeth yr Arolygydd Owen Jones o'r pwys mwyaf
pan ddywedodd nad oedd Cadwaladr Jones wedi dweud
wrtho ei fod, ar nos Sadwrn 4 Mehefin, wedi ceisio
perswadio Sarah Hughes i fynd adref, a gadael llonydd iddo.
Ac yn bendant, nid oedd wedi dweud wrtho 'iddo fyned i
dymher aflywodraethus, ac na ddarfu iddo ragfwriadu y
weithred'. Ar sail tystiolaeth yr Arolygydd, tystiolaeth a
gadarnhawyd gan y plismyn a oedd gydag ef pan arestiwyd

CADWALADR JONES.

Yr ydym yn rhoddi uchod ddarlun o Cadwaladr Jones, y Cymro ieuanc anffortunus sydd yn sefyll ei brawf yn Mrawdlys Caerlleon, am lofruddio Sarah Hughes, yn Dolgellau. Yr ydym yn gallu rhoddi y darlun drwy gytundeb â Mr Owen, photographer, Dolgellau.

22 Darlun o Gadwaladr Jones a gyhoeddwyd yn *Y Genedl Gymreig,* 1 Tachwedd 1877.

Cadwaladr Jones, dadleuodd Ignatius Williams fod rhaid cael y carcharor yn euog o lofruddiaeth wirfoddol. Chwedl y *South Wales Daily News*, yr oeddynt yn profi 'atrocity-monger' o'r math enbytaf, un a oedd yn euog o 'calm, fiendish calculation, and of methodical butchery'. Yr oedd mor glir â haul ar bared mai llofrudd didrugaredd, drwg ei fwriad, a laddodd ac a ddarniodd gorff Sarah Hughes.

Dadl Edward Swetenham oedd i'r erlyniad fethu'n llwyr â phrofi mai o ganlyniad i 'ragfwriad maleisus' y lladdwyd hi. Yn ei ddryswch a'i ofn y cyffesodd Cadwaladr Jones iddo ei lofruddio, ac mewn ymdrech i'w waredu ei hun rhag hunllef ei chorff yng ngardd y Parc yr oedd wedi ei godi o'r bedd, ei gigyddio, a thaflu'r darnau i afon Aran heb falio beth fyddai'r canlyniadau. Nid oedd dim i'w gysylltu â'r drosedd ond yr hyn a ddywedodd pan oedd mewn panig. Ni phrofwyd iddo ddefnyddio'r fwyell, y cryman a'r rhaw yn y beudy. A chan wybod y byddai'n taro tant nerthol yng Nghymru 1877, ni allai Swetenham beidio ag atgoffa'r llys mai 'menyw ddrwg' oedd Sarah Hughes, mam i ddau o fastardiaid nad oedd wedi eu tadogi ar neb, er iddi ddifetha un briodas drwy fygwth gwneud. Ac yr oedd eto'n feichiog, fel y tystiodd y doctoriaid, pan laddwyd hi. Yn amlwg ddigon, ei natur lygredig hi a wnaeth lofrudd o Cadwaladr Jones.

Druan o Sarah Hughes. Nid digon ei chigyddio gan ei llofrudd, yr oedd rhaid ceisio ei haberthu mewn llys barn lle y gweinyddid cyfiawnder gan ddynion. Un peth oedd i'r *Goleuad* alw am feithrin agwedd fwy gwâr at y ferch. Peth arall oedd disgwyl i wŷr y gyfraith beidio â dannod i Sarah Hughes ei hanlladrwydd, pan oedd dyn ifanc a ofynnodd yn gyntaf dim am ei Feibl ar ôl ei arestio, mewn perygl o'i grogi. Sut y gallai dyn o'r fath fod yn adyn llofruddiol? Fe'i temtiwyd, bygythiodd menyw ddrwg ei briodas, gwylltiodd a'i tharo yng nghoedwig Ffridd-arw. Dynleiddiad edifeiriol ydoedd, nid llofrudd didostur.

Ni chytunai'r rheithgor a chafwyd Cadwaladr Jones yn euog ymhen pum munud ar hugain o ddiwedd ei brawf. A'r Barnwr Manisty, fel pawb yn y llys, dan deimlad dwys, fe'i dedfrydwyd i'w grogi. Cyfieithodd David Pugh y ddedfryd i'r carcharor, 'yr hwn â'i ddwylaw fyth yn gorchuddio ei wyneb a stagrodd ar ei draed, a bu gorfod i'r swyddogion ei gynorthwyo i adael y llys'. Yn ôl y wasg, y gred gyffredinol oedd y byddai'r beiblgarwr a'r canwr emynau yn cael ei garcharu am ddynladdiad, a rhwng 7 Tachwedd a dydd ei ddienyddiad ar 23 Tachwedd, apeliwyd yn daer am drugaredd iddo. Gyrrodd y cyfreithiwr W. R. Davies ddeiseb at yr Ysgrifennydd Cartref wedi ei harwyddo gan wyth mil o bobl, ond fe'i gwrthododd. Gwrthodwyd hefyd apêl gan yr Aelod Seneddol, Mr Holland, yn ogystal â deisebau gan drigolion Caer ac Aberystwyth – yr olaf wedi ei harwyddo gan y maer a'r ynadon heddwch. Yr oedd Cadwaladr Jones i'w grogi ger mur gorllewinol carchar Dolgellau am wyth o'r gloch fore Gwener, 23 Tachwedd.

Fel y dynesai awr ei ddienyddiad, dwysâi'r cydymdeimlad ag ef, yn rhannol, meddai'r *North Wales Chronicle*, 'due to the general good character which he had previously borne, but mainly to the fact that the murdered woman was a woman of great disrepute'. Cynhaliwyd cyrddau pregethu yn Nolgellau yn ystod yr wythnos cyn ei grogi, ac yn yr eglwys gweddïodd y Parchedig Evan Lewis drosto ar ddydd Sul, 18 Tachwedd, a phregethu ar Matthew 5: 4: 'Gwyn eu byd y rhai sydd yn galaru, oherwydd hwy a ddiddenir.' Ei drasiedi oedd iddo ildio i'w nwydau anifeilaidd ar awr wan, a'i ddinistrio ei hun.

Law yn llaw â chydymdeimlad, mynegodd y bobl eu dicter. Bu'n rhaid gwneud y crocbren yng Nghaer am nad oedd neb yn Nolgellau eisiau'r gwaith, ac ar ôl ei gyrru i Benmaen-pŵl bu'n rhaid i'r dirprwy siryf drefnu i un o'i lafurwyr ei chludo i'r carchar, gan nad oedd yr un cartmon lleol am wneud. A phan ddaeth William Marwood, y dienyddiwr cyhoeddus a

olynodd Calcraft ym 1874, ar y trên canol dydd o Gaer ar
ddydd Iau, 22 Tachwedd, cafodd y bobl darged solet i'w
digofaint. Yr oedd hi'n ddiwrnod ffair a'r plant ysgol ar eu
hawr ginio. Ymgasglodd torf watwarus i'w hebrwng o'r orsaf
i'r carchar a bu'n rhaid cael plismyn i'w ddiogelu:

> Dyn canol oed ydyw Marwood, gyda bochau llwydion a
> blew ar y wefus uchaf, o ymddangosiad moesgar, a
> chyffyrddai â'i het yn fynych fel moesgyfarchiad i'r
> edrychwyr. Daeth at ddrws y carchar a chyflwynodd ei
> hun i Mr Thomas, llywydd y carchar, gyda bow, gan
> ddywedyd, 'Fy enw yw Marwood, syr.'

Wedi profi'r crocbren a chael y trefniadau'n ddi-fai,
crogodd Marwood, y crydd o Horncastle, swydd Lincoln,
Cadwaladr Jones am wyth o'r gloch y bore trannoeth.
Dywedwyd bod nifer o'r trigolion wedi gadael y dref rhag
arswyd y bore hwnnw, ond yr oedd cannoedd wedi aros, gan
ymgasglu ar y llethr uwchlaw'r carchar mewn gobaith
gweld y dienyddiad. Ni welwyd mo hynny; yn wir, er cryfed
eu protestio, yr oedd gwŷr y wasg wedi eu hatal rhag
gwylio'r crogi rhag iddynt gyhoeddi 'sensational reports'.
Ond yr oedd gan bawb glustiau a chlywyd 'sŵn y disgyniad
angeuol yn eglur o'r tu allan i'r carchar, yr hyn a anfonodd
bang o arswyd trwy y dorf, ac a dynodd ddagrau yn llif o
ddegau o lygaid'. Ni welodd y *North Wales Chronicle* ddim
o'i le ar fwydo un manylyn blasus i'w ddarllenwyr: 'The
rope being a new one it stretched a little, so that the dead
man's feet touched the ground, but it was of no
consequence, as the rope's gentle quivering told the sad tale
that the soul of Cadwaladr Jones had taken its flight to its
maker.' Cawsai 'long drop' yn wir.

Bu'n rhaid cael plismyn i hebrwng Marwood yn ôl i'r
orsaf, a'i gloi mewn cerbydran ar ei ben ei hun cyn i'r trên
ymadael. Nid ei fod ef wedi gadael i ddim ei gynhyrfu.
Wedi'r cyfan, yr oedd yntau'n ŵr duwiolfrydig a oedd wedi

23 Y crogwr cyhoeddus William Marwood (1820–83), crydd o Horncastle, swydd Lincoln, ac arbenigwr ar y 'long drop'.

ei alw i wasanaethu Duw a'r Goron: 'I am doing God's work according to the Divine command and the law of the British Crown. I do it simply as a matter of duty and as a Christian.' Teithiodd drwy'r dorf elyniaethus mewn cert, gan sefyll ar ei draed, codi ei het a moesymgrymu bob hyn a hyn, fel petai'n deall bod yn rhaid i ddadrith ac euogrwydd gwerin Meirionnydd, perfeddwlad 'Cymru lân, Cymru lonydd', wrth fwch dihangol o Sais. Siawns, fodd bynnag, na fyddai wedi synnu at eu chwerwedd pe gwyddai y byddai'r

24 Wedi'r crogi hebryngwyd William Marwood i orsaf Dolgellau (uchod) gan yr heddlu.

Goleuad, o bob wythnosolyn, yn cyhoeddi 'cyfarchiad' milain Idris Vychan iddo ymhen mis:

> Marwood, fu'n ngharchar Meirion! – ei weled
> Oedd olwg echryslon!
> Croger ef â llef yn llon, –
> A'i godwm o Gaergwdion.
> Dyna 'long drop' – dyna leng draw
> O'r d—-l—-d yn curo'u dwylaw.

Rwy'n siŵr petawn yn ysgrifennu nofel am lofruddiaeth Sarah Hughes y byddai'n rhaid iddi fod yn nofel grefyddol. Hynny yw, byddai'n rhaid iddi fod yn nofel am integriti proffes, cyffes ac edifeirwch mewn gwlad lle y buasai ei chrefyddgarwch, am yn rhy hir, yn fater o fost i genedl orymwybodol o'i delwedd, a'i chrefydd, gwaetha'r modd, yn rhy aml yn faes digofaint cystadleuol rhwng capel ac eglwys, ac yn dŷ brwd i falchder a sbeit enwadol. A heb os, yr ymddiddanion yn y carchar rhwng Cadwaladr Jones a'r Parchedig Evan Lewis ar y naill law, a'r Parchedig David Griffith ar y llaw arall, fyddai craidd y nofel. O am ddawn Daniel Owen!

Yng Nghymru 1877 yr oedd Cadwaladr Jones yn rhwym o ennyn cydymdeimlad unwaith y dechreuodd 'edifarhau mewn difrif' a dwyn i gof, yn feunyddiol ddagreuol, y fagwraeth a gafodd gan fam gapelgar a fu farw'n ifanc, a thad y cafwyd prawf dwfn-galon o'i ddiffuantrwydd Cristnogol yn ei lythyr olaf at ei fab. Yng ngharchar Caer, fel yn Nolgellau, cafodd bob ymgeledd i'w enaid. Daeth y Parchedig W. Hughes, offeiriad Cymraeg ei iaith yng Nghaer, i'w swcro. Bu darllen *Yr Ymofynydd Pryderus* o waith John Angell James yn fendith iddo, a than arweiniad y Parchedig Hughes adroddai salm 51: 'Bydd drugarog wrthyf, O Dduw, yn ôl dy ffyddlondeb' ar ei gof, 'gan ddangos teimlad priodol iawn wrth ei hadrodd'. Pan ddarllenodd yr offeiriad emyn Maurice Davies, 'Am graig i adeiladu, / Fy enaid chwilia yn ddwys', torrodd i wylo'n hidl, a'r un fu profiad y Parchedig David Griffith a'i gwelodd y noson cyn ei grogi a chael ganddo, ar ddarn o bapur, yr emyn a ganai'i fam ar ei gwely angau: 'Iesu, cyfaill f'enaid cu / Dyro im i'th fynwes ffoi', sef cyfieithiad o 'Jesu, lover of my soul'.

Cyhoeddodd *Yr Herald Cymraeg* ddau lythyr ganddo, un at forwyn ddienw yn llawn cyfeiriadau Beiblaidd, ynghyd â'r gobaith y caent gwrdd yn y nefoedd. A'r llall at y Parchedig Evan Lewis i ddweud ei fod yn cydnabod cyfiawnder y gyfraith, ei fod yn flin iddo ddwyn yr holl drwbl arno'i hun a phawb arall, a'i fod yn gobeithio, pe câi gymorth i ddal hyd y diwedd, 'y caf Iesu Grist yn Iachawdwr i mi, Amen'. Gwaetha'r modd, erys enw'r wraig yn Nulyn (Cymraes, y mae'n rhaid) y dywedir iddi ysgrifennu ato'n feunyddiol ar ôl ei garcharu, yn ddirgelwch a fyddai'n rhodd o'r nef i nofelydd. A thrachefn ni chyhoeddwyd mo'i ateb i lythyr olaf ei dad ato, er bod cân, 'Llythyr fy Nhad', yn cael ei chanu mewn cyngerdd yn Abergynolwyn gan un R. Ellis ymhen tridiau ar ôl ei grogi.

Ar fore 23 Tachwedd cerddodd yn ddigryn tua'r crocbren. Cawsai gymorth droeon o ganu emyn Ieuan Glan Geirionydd, 'Fy nhad sydd wrth y llyw', yng nghwmni'r plismon o Landrillo, John Roberts, a fu'n fawr ei ofal ohono. Codasai am bump o'r gloch, ac wedi gweddïo aethai at y ffenestr 'gan edrych yn ddyfal tua'r nefoedd'. Wedi rhai munudau barnai ei fod yn gweld seren, a'i fod bellach yn barod. Rhoddwyd iddo'r cymun sanctaidd gan y caplan am chwech o'r gloch ac wrth i'r cloc daro wyth:

> bron cyn i adsain y gloch gyrhaedd i fyny dyffryn prydferth, coediog, afon yr Arran, a chyrhaedd y Parc . . . yr oedd enaid y llofrudd wedi ei hyrddio gan Marwood, swyddog y gyfraith, i wyddfod Duw, llygaid yr hwn a ganfyddai yr oll a gyflawnwyd yn nghanol y tywyllwch yn nghoed y Parc, nos Lun, Mehefin 4ydd.

Yn sgil ei ddienyddiad ni allai'r *Goleuad* ond gobeithio iddo brofi 'gwir edifeirwch', ond ni allai beidio ag ymarswydo (ar ôl ei grogi) rhag cythreuldeb y llofrudd a aethai at lan yr Aran i chwilio am weddillion Sarah Hughes:

Meddylier am yr olygfa arno – y fath hunan-ddisgyblaeth echrydus ar ei ysbryd a'i gydwybod trwy arferion pechadurus! Y fath 'coolness' ofnadwy! Y fath ragrith a chalongaledwch barnol, yn ymylu ar ddiefligrwydd y pwll diwaelod ei hun.

Byddai'n rhaid wrth lifeiriant 'eiddigedd dwyfol' i'w ddwyn i farn. Ac ar ôl cyffesu'n agored ar 18 Gorffennaf iddo lofruddio Sarah Hughes, ym mrawdlys Caer mynnai bledio'n euog i gyhuddiad o ddynladdiad, er iddo gyffesu'n 'gyfrinachol' wrth un neu ddau cyn yr achos hwnnw iddo benderfynu lladd Sarah Hughes ar 1 Mehefin. Un o'r rhai a glywsai'r gyffes honno oedd caplan carchar Dolgellau, y Parchedig Evan Lewis. Un arall oedd y Parchedig David Griffith. A sut yn y byd y mae credu na wyddai Owen Thomas, rheolwr carchar Dolgellau, y gyfrinach?

Yn *Yr Herald Cymraeg*, 30 Tachwedd 1877, adroddodd y 'gohebydd neillduol' iddo ymweld â'r Parchedig David Griffith ar ôl clywed i Cadwaladr Jones, 'er ys tro yn ol wneyd cyfaddefiad pwysig wrtho ef, gyda golwg ar ei drosedd'. Cafodd weinidog Tabernacl yn gyndyn i drafod y mater, ond o'r diwedd datgelodd fod Cadwaladr Jones wedi cyfaddef wrtho 'er ys talm' iddo fwriadu lladd Sarah Hughes, a'i fod ef, Griffith, wedi penderfynu celu'r wybodaeth rhag y cyhoedd – a'r awdurdodau wrth gwrs – nes bod y prawf yng Nghaer drosodd.

Dywedodd iddo, yn ystod un ymweliad â'r carcharor, sôn ei fod wedi clywed i Sarah Hughes gael ei lladd yn ddamweiniol pan aeth yn ymrafael rhwng y ddau ohonynt, ac iddo ef, Cadwaladr Jones, ei chladdu wedyn yn ei ofn mawr – awgrym y neidiodd y carcharor ato ar unwaith, gan gytuno y byddai'n wynebu cyhuddiad o ddynladdiad, yn hytrach na llofruddiaeth wirfoddol, petai wedi mynd ar ei union at yr heddlu. Gan gredu ei fod wedi taro ar y gwir am yr hyn a ddigwyddodd yng nghoedwig Ffridd-arw, synnwyd David Griffith yn fawr y tro nesaf yr aeth i ymweld â'r carcharor, yng nghwmni gweinidog arall, pan ddaeth 'yn amlwg mai wedi cael ei ddysgu i ddyweyd felly yr oedd y truan gan ryw gyfaill eiddigus am iddo wneyd math o amddiffyniad iddo ei hun'.

Parlyswyd y ddau weinidog pan ymddiheurodd Cadwaladr Jones am gamarwain David Griffith y tro blaenorol. Pwysleisiodd iddo benderfynu lladd Sarah Hughes y dydd Gwener, 1 Mehefin, cyn y nos Lun waedlyd, a bod yn rhaid iddo ddweud y gwir heb gêl cyn y gallai obeithio cael maddeuant Duw. Ni ddisgwyliai i'r gyfraith ei arbed; ni allai ond gweddïo'n ddyfal am drugaredd yr Arglwydd. Y mae'r hyn a ddigwyddodd wedyn, yn ôl geiriau'r 'gohebydd neillduol', yn anodd ei gredu:

> Penderfynodd Mr Griffith a'i gyfaill, wrth gwrs, gadw hyn yn hollol iddynt eu hunain hyd nes y byddai y prawf drosodd, ac hyd yn nod wedi hyny ni chafodd ond ychydig gyfeillion mynwesol glywed am yr addefiad hwn, a hyny yn breifat, fel na fyddai iddynt hwy mewn un modd niweidio achos y truan anffodus. Dywedodd Mr Griffith wrthym, yn dirion, y gallem wneyd defnydd o'i dystiolaeth ef, os dewisem, ar ol y dienyddiad, os mai felly y byddai, ond nid cyn hyny.

A hwy'n gwybod bod Cadwaladr Jones wedi bwriadu llofruddio Sarah Hughes, yr oedd o leiaf ddau weinidog, un ohonynt yn 'enillydd cenedlaethol' mawr ei ofal am foesoldeb Cymru, ynghyd â'r caplan, y Parchedig Evan Lewis, yn fodlon tewi yn y gobaith y câi'r llofrudd ddianc rhag y gosb eithaf yr oedd yn ei llwyr haeddu yn ôl cyfraith y dydd. Buont dawel; a bu'r wasg yn ddiweddarach yr un mor dawel heb osio edliw iddynt eu parodrwydd i wadu cyfiawnder i Sarah Hughes. Y mae'n enghraifft sobreiddiol o fynnu ceisio arbed delwedd genedlaethol, a godwyd ar sail rhagoriaeth foesol honedig, ar draul onestrwydd a thosturi at wraig a ystyrid yn euog o faeddu'r ddelwedd honno. Pam nad erlynwyd hwy? Ble'r oedd John Gibson?

Yn wir, ni allai'r Parchedig David Griffith adael i hanes athrist llofruddiaeth Sarah Hughes ddod i ben heb ysgrifennu i sicrhau'r *Liverpool Mercury* na fuasai Cadwaladr Jones erioed yn gymunwr yn un o gapeli Dolgellau. Ei unig gymun, hyd y gwyddai, oedd yr un a weinyddwyd iddo gan gaplan carchar Dolgellau prin ddwyawr cyn ei grogi. Trasiedi Cadwaladr Jones oedd iddo gadw draw o'r capel ar ôl marw ei fam ac ildio i'w chwantau cnawdol o ganlyniad. Yng ngeiriau dwyn-anadl David Griffith, yr oedd 'yn boenus cyfeirio at hyn oll, ond dylid gwybod y gwirionedd mewn achos fel hwn, sydd o'r dyddordeb a'r pwys mwyaf'!

Ac yn sicr iawn, yr oedd yn rhaid i bobl wybod, gan fod y newyddiaduron wedi cysylltu'r llofrudd â gweinidogaeth David Griffith, mai 'gwan ac ysgafn' fu'r cyswllt hwnnw:

> Hyd yr adeg y carcharwyd ef, ni wybûm i iddo erioed eistedd fel gwrandawr yn fy addoldy. Daeth allan y pryd yma, ar ol iddo sefydlu ei hun yn Parc, yn Mai, iddo fod yn bresenol yn y capel ddwy waith neu dair cyn, a chynifer a hynny o weithiau wedi, y llofruddiaeth.

Ni ellid, ar unrhyw gyfrif, ei ystyried yn 'un ohonom ni'. Serch hynny, wrth ei adael yn ei gell yn foddfa o ddagrau wrth feddwl am ei fam y noson cyn ei grogi, ymgysurai David Griffith o'i weld yn dal i lynu wrth y Groes tan y diwedd: 'Y mae pechaduriaid mawrion wedi cael eu hachub drwy ymddiried ynddo, a phaham nad achubir yntau? Ond nid fel Annibynnwr "bona fide".'

Dywedod David Griffith iddo fynd i weld Cadwaladr
Jones y noson cyn ei grogi ar gais y condemniedig ei hun.
Mewn sgwrs ag Owen Thomas cawsai'r argraff fod galw
amdano. Gwadodd y Parchedig Evan Lewis fod ganddo le i
gredu dim o'r fath. Ni ofynasai'r carcharor am ei weld o
gwbl, ac yn ôl Owen Thomas, David Griffith a wnaethai
gais am gael ei weld ef. Pwysleisiodd Evan Lewis iddo ef, fel
caplan y carchar, sicrhau Cadwaladr Jones o'r cychwyn y câi
geisio cysur ysbrydol o ba bynnag gyfeiriad y dymunai. Ni
freuddwydiai am rwystro unrhyw un o weinidogion yr
Anghydffurfwyr rhag gweini cysur iddo. Yr oedd ganddo
yntau, fel eglwyswr da, ofal am y gwirionedd, ac yn ei eiriau
ef dyma sut y bu rhwng y carcharor a David Griffith:

> As was natural, when he was arrested, he sent for the
> minister of the Independents, who visited him three
> times between the 18th of July and 26th October, before
> his conviction, but, on the testimony of the prisoner,
> did not read or pray with him at all; and not once after
> his conviction until the evening before his execution.

Yn fyr, nid oedd y Parchedig Evan Lewis, a gawsai lythyr o
ddiolch gan Cadwaladr Jones am ei ofal ohono, am i neb
gredu bod y Parchedig David Griffith wedi rhagori ar bawb
arall yn ei bryder am enaid y condemniedig. Gallent gytuno
i gadw tystiolaeth anhepgor rhag y gyfraith er mantais i
lofrudd hunanaddefedig, a lles amgenach delwedd
genedlaethol gynhaliol. Ond mater arall oedd caniatáu i'r
capel gael y blaen ar yr eglwys lle'r oedd darparu cysur yr
efengyl yn y cwestiwn. Dal at ei stori, fodd bynnag, a
wnaeth gweinidog Tabernacl, tra gresynai'r caplan fod
'wrangle' ddi-ras yn debygol o beri siarad am alanas
Dolgellau yn hwy nag a fyddai'n dda i'r wlad. Gorau po
gyntaf yr anghofid am anfadwaith Cadwaladr Jones.
   Wrth reswm, nid oedd ond i'w ddisgwyl y byddai rhai
baledi amdano yn cylchredeg am gyfnod, ac fe'u cafwyd, er

enghraifft, gan Hugh Roberts (Pererin Môn), Evan Griffiths (Ieuan o Eifion) ac Abel Jones (Bardd Crwst). A chan E. Ylltyr Williams, Dolgellau, cafwyd cantawd oerllyd, *Y Ddau Waed, sef Gwaed Abel a Gwaed Crist*, a 'ysbrydolwyd' gan lofruddiaeth Sarah Hughes, ond na chafodd y wlad ddim hwyl ar ei chanu, diolch byth.

Daeth gwaredigaeth, ymhen blwyddyn, o'r de. Ym mhentref bach Llangybi, yn sir Fynwy, llofruddiwyd William ac Elizabeth Watkins a thri o'u plant rhwng nos a bore 16–17 Gorffennaf 1878 gan anghenfil o forwr ar dramp a oedd newydd ei ryddhau o garchar Brynbuga. Tramorwr o Gatholig oedd Joseph Garcia, Sbaen neu Bortiwgal oedd ei famwlad, a diolchodd *Y Faner* 'yn galonog i'r Nefoedd fawr' nad Cymro a gyflawnodd 'y llofruddiaeth fwyaf erchyll', hwyrach, 'yn Mynwy a Chymru erioed'. Gydag ochenaid o ryddhad, ymdawelodd 'Cymru lân, Cymru lonydd' drachefn.

DARLLEN PELLACH

Russell Davies, *Hope and Heartbreak: A Social History of Wales and the Welsh, 1776–1871* (Caerdydd, 2005).

Douglas Hay et al. (goln.), *Albion's Fatal Tree* (Llundain, 1975).

Richard Ireland, *'A Want of Order and Good Discipline': Rules, Discretion and the Victorian Prison* (Caerdydd, 2007).

David J. V. Jones, *Crime, Protest, Police and Community in Nineteenth-Century Britain* (Llundain, 1982).

David J. V. Jones, *Crime in Nineteenth-Century Wales* (Caerdydd, 1992).

David J. V. Jones, 'The new police, crime and people in England and Wales, 1829–1888', *Transactions of the Royal Historical Society*, XXXIII (1983).

E. Vaughan Jones, 'A Merioneth Murder of 1812', *Cylchgrawn Cymdeithas Hanes a Chofnodion Sir Feirionnydd*, VI, rhan 1 (1969).

H. J. Owen, 'The Common Gaols of Merioneth during the Eighteenth and Nineteenth Centuries', *Cylchgrawn Cymdeithas Hanes a Chofnodion Sir Feirionnydd*, III, rhan 1 (1957).

Glyn Parry, *Naid i Dragwyddoldeb: Trosedd a Chosb, 1700–1900* (Aberystwyth, 2001).

Gwylon Phillips, *Llofruddiaeth Shadrach Lewis* (Llandysul, 1986).

YR 'YSTORI ANFWYN': LLENYDDIAETH STREIC FAWR Y PENRHYN, 1900–03

Gwen Angharad Gruffudd

Glywsoch chwi'r ystori anfwyn –
Stori'r brâd, a stori'r cynllwyn?
Gwaeth na Brad y Cyllill Hirion
Yw ystori Punt y Gynffon.

'Punt y gynffon', 1903

Un o ganlyniadau mwyaf trawiadol y poblogeiddio a fu ar lenyddiaeth Gymraeg yn ystod y bedwaredd ganrif ar bymtheg oedd datblygiad ffenomen y bardd gwlad. Cangen o'r cyff hwnnw oedd y bardd-chwarelwr. Camarweiniol ar sawl golwg yw ceisio gwahaniaethu rhyngddynt. Hyd yn oed ym Methesda, y mwyaf ei faint a'r mwyaf diwydiannol o'r pentrefi chwarelyddol, yr oedd y cysylltiad gwledig yn dal yn gryf. Nid yn unig bod mewnfudo cyson wedi digwydd o'r ardaloedd amaethyddol drwy gydol y ganrif, ond yr oedd Dyffryn Ogwen ei hun yn dal i fod yn lled wledig hefyd, ac yn rhannu llawer o'r un gwerthoedd â chymdeithasau gwledig Cymraeg eu hiaith yn yr un cyfnod.

Yn amlach na pheidio, felly, canu ar yr un pynciau â'r beirdd gwlad a wnâi beirdd-chwarelwyr Dyffryn Ogwen: brithir colofnau barddol newyddiaduron a chylchgronau'r cyfnod gan y math hwn o ddeunydd. Eto i gyd, y mae pwynt yn dod lle y mae'n rhaid gwahaniaethu rhyngddynt, ac ystyried y modd yr âi'r beirdd-chwarelwyr ati i ymdrin â phynciau a oedd yn neilltuol i'w profiad hwy.

Yn ôl Dafydd Glyn Jones, yn y gyfrol *Un o Wŷr y Medra: Bywyd a Gwaith William Williams, Llandygái (1738–1817)*:

> Yr un pwnc sy'n amlwg yn absennol o ganu'r beirdd-chwarelwyr . . . yw eu bywyd eu hunain yn y chwarel. Gallant gyfeirio at y chwarel wrth ganmol Arglwydd Penrhyn am ei hagor, ond nid oes yma ddim am eu profiad hwy eu hunain o weithio ynddi a byw dan ei chysgod.

Sôn yn benodol am y genhedlaeth gyntaf o feirdd-chwarelwyr a wna Dr Jones yma – am Gutyn Peris a'i gyfoedion – ond eir ymlaen i ddatgan yr 'â canrif heibio cyn y daw bywyd y chwarel, fel y cyfryw, yn destun llenyddiaeth greadigol, ac nid gan y chwarelwyr ond gan eu plant, ar ôl newid byd, y ceir hynny'. Honiad digon teg yw hwn, ar sawl golwg; yn sicr, nid oes prinder cerddi yn canu clodydd teulu'r Penrhyn nac ychwaith rai mwy cyffredinol ar bynciau pob dydd beirdd gwlad drwy Gymru'r cyfnod. Ond cyfeiliornus fyddai tybio mai'r haen hon o farddoniaeth y beirdd-chwarelwyr yn unig a fodolai, ac nad erys unrhyw dystiolaeth iddynt ganu am eu profiadau eu hunain. Mor gynnar â phedwardegau'r bedwaredd ganrif ar bymtheg, yr oedd bardd o'r enw David Jones wedi cyfansoddi cân yn cwyno am yr arfer o benodi swyddogion estron i weithio yn y chwarel:

> Os bydd eisiau cael swyddogion,
> Danfon ffwrdd a wneir yn union,
> Un ai Gwyddel, Sais neu Scotsman,
> Sydd mewn swyddau braidd ymhobman.
>
> Mewn gweithfeydd sydd yma'n Nghymru,
> Gwelir Saeson yn busnesu;
> Rhaid cael Cymry i dorri'r garreg,
> Nid yw'r graig yn deall Saesneg.

Dyma, hyd y gwyddom, un o'r enghreifftiau cynharaf o ddemoneiddio'r stiward yn llenyddiaeth ardaloedd y chwareli – traddodiad sy'n parhau yng ngwaith y genhedlaeth nesaf o awduron yn yr ugeinfed ganrif.

Y mae'n deg dweud bod yr arfer o ganu am bynciau a godai'n uniongyrchol o brofiad y bardd-chwarelwr ei hun ar ei anterth yn ystod cyfnodau o wrthdaro diwydiannol. Gwelwyd hyn yn fwyaf arbennig yn Nyffryn Ogwen yn ystod cyfnod y Streic Fawr, pan oedd y gymdeithas gyfan yn teimlo dan warchae. O gychwyn cyntaf yr anghydfod ym mis Tachwedd 1900 ceid adroddiadau a llythyrau niferus ynglŷn â 'Helynt Bethesda' yn y newyddiaduron, ac ni bu'n hir yn treiddio i'r colofnau barddol hefyd. Golygai'r sylw a gaent fod y digwyddiadau yn datblygu i fod o bwys cenedlaethol, a llwyddwyd i ennyn ymateb pobl o'r tu allan i'r ardal hefyd. Dyna a geir yn y gerdd gyntaf sy'n ymddangos yn *Y Genedl Gymreig* ar 20 Tachwedd 1900, sef 'Gorymdaith y Pedair Mil' gan Cadvan.

Cefndir y gerdd oedd yr achos llys a gynhaliwyd yn sgil wythnosau o wrthdaro yn Chwarel y Penrhyn yr hydref hwnnw. Cychwynnodd yr helyntion ar Bonc y Ffridd pan wrthododd pedwar chwarelwr ar hugain y telerau a gynigiwyd iddynt, ac y rhoddwyd eu bargeinion, yn sgil hynny, i gontractwyr. Pan ddaeth y rheini i gydio yn y gwaith, ymosodwyd arnynt a'u hebrwng o'r chwarel gan chwe chant o'r chwarelwyr. Gydag Emilius Alexander Young, y rheolwr, yn ofni terfysg, anfonwyd am gatrawd o filwyr i gadw trefn ar yr ardal ac arestiwyd chwech ar hugain o'r chwarelwyr. Cynhaliwyd yr achos yn eu herbyn yn Llys Ynadon Bangor bythefnos yn ddiweddarach a phenderfynodd trwch eu cyd-weithwyr adael y chwarel a gorymdeithio yno i'w cefnogi. Gyda David Lloyd George yn eu hamddiffyn, cafwyd ugain yn ddieuog o'r cyhuddiad o ymddwyn yn fygythiol a threisgar, ond bu'r ffaith i'r chwarelwyr adael y gwaith y diwrnod hwnnw yn ddigon o achos i Young gau'r chwarel am bythefnos. 'I Chwarelwyr Bethesda', felly, y cyflwynwyd 'adroddawd' Cadvan, ac y mae'r rhaglith iddo yn cynnwys dyfyniad wedi ei godi o adroddiad y *Liverpool Mercury* am 7 Tachwedd a oedd yn canmol yr orymdaith:

> By the time they reached Bangor a low estimate places their number at 4000 strong. As they approached the Cathedral city they passed Penrhyn Castle on the right . . . Here a cheer was given for Lord Penrhyn, for whom the men have a sincere regard. They still hold to the belief that his Lordship must be ignorant of what actually occurs at the quarries . . . Reaching Bangor they found the streets on both sides lined by immense crowds, making the road at times all but impassable. In

PENRHYN QUARRY.

NOTICE.

Inasmuch as a number of the Penrhyn Quarry Employees has during the last fortnight actively participated in certain acts of violence and intimidation against some of their fellow-workmen and officials, and to-day nearly all the Employees have left their work without leave, Notice is hereby given that such Employees are suspended for 14 days.

E. A. YOUNG

PORT PENRHYN,
Bangor, November 6th, 1900.

Chwarel y Penrhyn.

RHYBUDD.

Yn gymaint ag i nifer o weithwyr Chwarel y Penrhyn yn ystod y pythefnos diweddaf gymeryd rhan weithredol mewn ymosodiadau o greulondeb a bygythiadau yn erbyn rhai o'u cyd-weithwyr a swyddogion, ac heddyw i agos yr oll o'r gweithwyr adael eu gwaith heb ganiatad, rhoddir Rhybudd drwy hyn fod y cyfryw weithwyr yn cael eu hatal am bedwar-diwrnod-ar-ddeg.

E. A. YOUNG

PORT PENRHYN,
Bangor, Tachwedd 6ed, 1900.

25 'Rhybudd' gan E. A. Young ar 6 Tachwedd 1900 yn cyhoeddi bod y chwarelwyr a adawodd eu gwaith er mwyn ymuno â'r 'Ymdaith i Fangor' wedi eu gwahardd am bythefnos.

deep and stern silence the orderly procession marched four deep through the main thoroughfares of Upper and Lower Bangor, being cheered by the sightseers, but themselves making no sign or sound . . . On every hand I hear almost unbounded admiration of the men's attitude and appearance, and that 'march past' of the procession is a sight ever to be remembered by the citizens of Bangor, and by the strangers within her gates today.

Hyd yn oed cyn troi at yr 'adroddawd' ei hun, felly, yr oedd y gynulleidfa wedi ei pharatoi ar gyfer portread arwrol a fyddai'n dwyn i gof ymdaith arall a anfarwolwyd mewn barddoniaeth – 'The March of the Light Brigade'. *Charge?*

Y mae holl naws 'Gorymdaith y Pedair Mil' yn crynhoi gobaith a delfrydau cynnar yr hyn a ddaeth i fod yn streic dair blynedd, ac y mae'r dôn yn heriol o'r cychwyn cyntaf wrth i'r bardd bortreadu'r olygfa:

> Mae haul y boreu'n syn uwchben,
> A delw Tachwedd yn y nen;
> Mae milwyr yn gwarthruddo'n gwlad!
> Ond p'le mae gelyn? P'le mae brad?
> Nid yn y gwyr sy'n toi y byd
> Rhag 'stormydd, gyda'u llafur drud,
> Sy'n disgyn o'u mynyddau 'lawr
> Yn fyddin Hedd, ond Byddin Fawr –
> Ardderchog Bedair Mil!

Mewn cyfres o gwestiynau, amlygir cwynion sylfaenol y chwarelwyr, ac awgrymir yn gryf ar bwy y mae'r bardd yn gweld bai – nid ar y meistr, ond ar y rheolwyr, y stiwardiaid a'r contractwyr, a bortreadir fel estroniaid cwbl ddi-foes:

> A geblir chwi am ddweyd mai iawn
> Yw cadw 'cytundebau''n llawn:
> A chael eich meistriaid gwaith, bob un
> Yn wr fo'n deall gwaith ei hun?

A feiddir d'weyd fod arnoch fai,
Os mynai'ch crefydd gadw'r rhai
Sy'n dysgu'ch plant i regi, 'n mhell,
A chael i'ch ardal foesau gwell,
    Ardderchog Bedair Mil?

Pwy faidd ymgyfoethogi'n glau
Ar bwys y meistr, neu'r gwas, neu'r ddau,
Troi'n uwch-fargeinwyr yma a thraw,
Heb chwys i'w hael, nac arf i'w llaw –
Yn rhith-segura –'n fawr eu bri –
Yn byw yn fras o'ch llafur chwi,
Heb i chwi dd'weyd, fel 'clywont hwy,
    Na fynwch eu gwasanaeth mwy –
    Ardderchog Bedair Mil?

Ond yr hyn y mae'r dyfyniad uchod hefyd yn ei ddangos yw'r modd yr oedd elfennau diwylliannol eisoes yn cael eu cysylltu â'r safiad diwydiannol. Y mae'r symudiad o fod yn sôn am 'gytundebau' i foesau a chrefydd yn un cwbl naturiol a diymdrech yng nghyd-destun y gerdd, ac yn dangos mor ddwfn yr oedd y cysylltiad rhyngddynt wedi suddo i feddylfryd radicalaidd y cyfnod. Pwysleisid crefyddoldeb a moesoldeb fel rhan annatod o ddelwedd y chwarelwr, fel y dengys y pennill hwn:

Ai atoch chwi, chwarelwyr glan,
Y cyrchir milwyr, eirf, a than?
Ai methiant fu yr Ysgol Sul? –
'Fu'r Gair – 'fu'r Deml – 'fu'r Llwybr Cul,
Yn fethiant? – Na! Eich tystion yw
Daear a Nefoedd – dyn a Duw,
Na fagodd unrhyw wlad nac oes
Eich gwell, na'ch uwch mewn rhin a moes,
    Ardderchog Bedair Mil!

Ar ysgwyddau'r gweithwyr cyfiawn hyn yr oedd y cyfrifoldeb am 'symud drwg', hyd yn oed os oedd hynny 'yn

26 George Sholto Gordon
    Douglas Pennant,
Arglwydd Penrhyn (1836–
    1907).

groes i Ddeddf / Y wlad', ac fe'u portreadir yn gorymdeithio
'yn ebyrth gwirfodd, llawn / I anrhydeddu'r hyn sydd *iawn*'.
Ac wrth sôn am yr elfennau diwylliannol, diddorol yw nodi
mor amlwg y trewir y nodyn cenedlaetholgar. Yr oedd hyn
yn elfen amlwg yn y gwrthdaro o'r cychwyn cyntaf, ac yn
elfen hefyd yr oedd golygydd *Y Genedl Gymreig* yn barod
iawn i'w phwysleisio. Y mae ei ymdriniaeth gyntaf â'r
anghydfod yn rhifyn 13 Tachwedd yn agor â'r geiriau, 'Sais
yw Mr Alexander Young', cyn mynd rhagddo i amlygu bod
yr un peth yn wir am yr awdurdodau yn gyffredinol, ac i
gyferbynnu hynny â Chymreictod y gweithwyr. Er na
chyfeirir at 'Saeson' fel y cyfryw yng ngherdd Cadvan, y
mae'n arwyddocaol fod y gerdd yn diweddu â'r ddau bennill:

> Mae ysbryd 'Dafydd', fel y gwynt,
> Ar ben y 'Garnedd' gerddai gynt;
> Ac ysbryd dewr Llewelyn Fawr,
> O'i 'Garnedd' yntau'n tremio i lawr;

Orymdaith fud! efe yw'ch Llyw!
Blith-dra-phlith ddewrion – meirw a byw:
Dilyn Llewelyn wnewch i gyd:
'Llyw Olaf' – ond eich 'Llyw' o hyd –
Ardderchog Bedair Mil!

Edrychwch tua machlud gwawr,
O Graig y Llam i'r Gogarth Mawr:
Mae'r eigion effro, nos a dydd,
Yn gwylio Cylch Eryri Rydd!
Edrychwch i'r mynyddoedd draw,
Mae tyrau rhyddid ar bob llaw;
A'r Wyddfa, – rhaid ei dymchwel hi,
Cyn troi nerth eich ysbryd chwi,
Ardderchog Bedair Mil!

Y mae'n werth olrhain y datblygiad yn agwedd *Y Genedl Gymreig* a'r papurau radicalaidd eraill drwy gydol cyfnod y streic, a hynny drwy gyfrwng y farddoniaeth sy'n ymddangos yn y colofnau barddol.

Cyhoeddwyd y gerdd nesaf o Fethesda yn *Y Genedl* o fewn pythefnos, yn rhifyn 4 Rhagfyr. Nid oedd 'Y Gorthrymwr' yn ymwneud yn uniongyrchol â'r streic, ond yr oedd yn ddewis arwyddocaol i gynrychioli cyfrol newydd W. J. Parry, *Telyn Sankey*, a'i phwyslais ar Dduw yn 'dial' ar 'bob Pharo ddyn' am na allai 'oddef gwel'd ei deulu / 'N dioddef ar y ddaear hon'. Trosiad digon tebyg a ddefnyddiwyd yn y gerdd 'Caebraichycafn: Y Ddwy Oruchwyliaeth' ryw chwarter canrif ynghynt, ac er na ddylid dadansoddi arwyddocâd hynny'n ormodol, gan fod cyfeiriadaeth Feiblaidd yn rhywbeth a ddefnyddid yn gyson wrth drafod cwynion y chwarelwyr, y mae, serch hynny, yn werth oedi gyda hi. Cerdd ddienw ydyw, ond awgrymog o bosibl fyddai nodi iddi gael ei hargraffu gan y Brodyr Douglas ym Mangor – yr un cwmni ag a argraffodd y gyfrol *Caebraichycafn: Yr Ymdrafodaeth: ynghyd a'r Cyfrif*

Arianol dan olygyddiaeth W. J. Parry ym 1875. Cyfeirir at
'[l]ywodraeth gaeth yr Aiphtiaid gwych', ac y mae ergyd y
cyfeiriadau at yr Hebreaid yn 'dwyn offrymau' a 'rhagor, a
rhagor o werthfawr anrhegion' iddynt yn bur amlwg, heb
sôn am yr ailadrodd bwriadol ar y term 'y gynffon':

> Gwên ffafraeth bellach ddaeth yn drefn,
> A seirph yn brathu o'r tu cefn;
> Fel nad oedd i'r Hebrëwr tlawd
> Ymddiried mwyach yn ei frawd;
> Er penyd yr heigiai 'sgorpionau,
> A ffyniant y damniol gynffonau,
> Nes chwyddo yr Aiphtiaid gaethiwed llygredig,
> Yn achles eirf anwn, fel Chwilys Rhufeinig.

> A feiddiai wneyd neu ddyweyd ei farn
> Yn groes i'w dduw, a wneid yn sarn,
> I'w galon suddid gwynias blwm
> Trwy gwpbwrdd tlawd a llety llwm; –
> Alltudiwyd a gwanwyd ugeiniau
> Am ddilyn eu barn a'u meddyliau;
> Ond am rywbeth arall rhaid cyfrif eu tynged,
> I wirio heb eithrio uniondeb y weithred.

> Er hyn y 'gynffon' oedd yn byw
> Yn mhresenoldeb gwên ei duw,
> Ar amlder ffafrau mawr ei râs,
> A boddlon fron, a'i bwrdd yn frâs;
> Heb wneyd ond torheulo'n faleisus,
> A chware am gyfle'n llechwrus,
> I ddenu i droelli ein cyd-ddyn i drallod,
> Ar ebill dialedd i'r corbwll diwaelod.

> Ac yn y blaen ffordd yna'r aeth
> Yn îs ac îs, o ddrwg i waeth,
> Nes tynu'r Aiphtiwr dros y graig
> Wrth bwysau'r gynffon drom, i'r aig, –

27 Pwyllgor y Streic: Richard Pritchard, Owen Griffith, Lewis Griffith, John Roberts, William Williams, Henry Jones, Griffith Edwards ac R. J. Jones.

Ffyn addig gwyr cors cynffonyddiaeth; –
A chwalodd yr hen oruchwyliaeth; –
Trwy wenau digariad trywanwyd y gwron.
Cywilydd ac anffawd ddrwg coledd y gynffon.

Y gwahaniaeth mwyaf arwyddocaol rhwng y gerdd hon
a'r 'Gorthrymwr' yw fod y bai, erbyn yr ail gerdd, wedi ei
symud i gyfeiriad 'Pharo', yr unben trahaus. Yr oedd hyn yn
rhywbeth cwbl newydd. Mewn cerdd a gyhoeddwyd ar ffurf
pamffled yn sgil y streic flaenorol ym 1896–7 – 'molawd-
gerdd' a gyflwynwyd i 'Chwarelwyr Caebraich-y-cafn' gan
Ieuan o Eifion (Evan Griffiths) – ni thybiwyd bod unrhyw
beth yn anghyson mewn datgan:

> Hwre i Milwriad Pennant
> Yn bendant tra bo chwyth,
> Hwre gwnawn roddi eto,
> A llwyddiant iddo byth.
> Hwre a gaiff gan filoedd,
> Yn gyhoedd ar y llawr,
> Hwre, hwre, *for ever,*
> *And ever* yma'n awr.

Rhywbeth yn debyg oedd agwedd Ogwenydd (John R. Jones,
Tre-garth) yn sgil streic 1874 hefyd. Nododd yn ei
draethawd ar 'Hanes Chwarel Cae Braich y Cafn, o'i
chychwyniad hyd y cyfnod presenol', gwaith a enillodd
wobr yn Eisteddfod Ponc y Wyrcws, 1876, ei fod yn
grediniol mai 'rhagluniaeth a fu'n gweithredu' yn yr
anghydfod hwn, a chyfeiriodd ato eto yn ei awdl farwnad
hirfaith ar ôl Edward Gordon Douglas Pennant (y trydydd
Arglwydd Penrhyn, a'r cyntaf i arddel y teitl Arglwydd
Penrhyn o Landygái), a gedwir ymhlith ei lawysgrifau yn
Archifdy'r Brifysgol ym Mangor. Tuedda i oreuro rhan y
meistr – nid rhywbeth annisgwyl o ystyried i Ogwenydd, er
na thorrodd mo'r streic, gynnig ei wasanaeth fel ysbïwr ar
ran yr awdurdodau ym mis Tachwedd 1900:

Ai'r oll oi weithwyr allan – oherwydd
　　Iau camwri cyfan
　　Yn ddoeth fe chwiliodd weithian – ir gormes
　　Holodd eu hanes chwiliodd ei hunan,

A chael mai'r goruchwylwyr – anaddas
　　Weinyddant ormeswyr
　　Trwy eu gwaith bu'n troi y gwyr – heb aros
　　Ag am eu haros fel esgymunwyr.

Ai lais ar gais y gweithion – fe'i cofiaf
Y gwron doethaf gwrandawai weithion.

Ac yna chwiliai'r cwynion – a diau
　　Rhoes wrandawiad cyson
　　Ag i fewn ir gofynion – bu'n rhoddi
　　A gosod yni i gais y dynion.

A rhoes hefyd wir safon – iw weithwyr
　　Trefniant doethaf weithion
　　A gonest gyflog union – arwyddwyd
　　Y llyfr adwaenwyd er llafur dynion.

Os am un mis cyflog isel – wedyn
　　Hawl i'w godi'n uchel
　　A dweyd weithiau'n dawel – un ai'n eglur
　　Y dyn ai lafur ai godi'n lefel.

Rheolau at chwarelwyr
I droi gwerth yn ol medr gwyr
Arwyddodd lawer ddyn
Mesur gwell na'r amser gynt.

A dychwelyd at 'Y Gorthrymwr', felly, y mae'r ensyniad
fod bai ar deulu'r castell yn feiddgar ac yn awgrymu elfen
newydd i'r gwrthdaro. Y mae'n werth oedi gyda'r awdur. Y
ddelwedd fwyaf cyffredin o W. J. Parry yw'r un ohono fel y
'Quarryman's Champion' – masnachwr o gefndir chwarel-
yddol a oedd i gynrychioli'r chwarelwyr gydol ei oes – ond

datgelodd John Llywelyn Williams wedd arall ar ei gymeriad mewn ysgrif sy'n bwrw golwg ar ei ymwneud â theulu'r Penrhyn. Un ddadl yw iddo ysbarduno llawer o'r elyniaeth at y meistri ar sail uchelgeisiau dosbarth-canol personol a chynnen a fodolai eisoes yn ei achos ef ei hun. Y mae hefyd yn werth nodi iddo dreulio dwy flynedd yn brif olygydd *Y Genedl Gymreig* rhwng 1887 a 1889, a'i fod yn dal i ohebu â'r papur ar droad yr ugeinfed ganrif. Bu'r papur hwn yn gyson gefnogol iddo. Ni fu mor ffodus yn ei ymwneud â phob papur newydd, fodd bynnag, ac yn ystod 1903 daeth Arglwydd Penrhyn ag achos enllib yn ei erbyn ar sail cyhuddiadau a wnaed ganddo yn y *Clarion* ddwy flynedd ynghynt. Er iddo honni mai mewn llythyr preifat at y golygydd y gwnaeth y

28 W. J. Parry, y 'Quarryman's Champion' (1842–1927).

sylwadau ynghylch cynnydd yn y gyfradd farwolaeth ym Methesda a chyfrifoldeb uniongyrchol perchennog y chwarel am hynny, fe'i cafwyd yn euog o'r cyhuddiad a gorchmynnwyd iddo dalu costau o dros £2,500.

   Ond nid W. J. Parry oedd yr unig un a geisiai droi llanw'r bai i gyfeiriad y castell. Ar yr union ddiwrnod yr ymddangosodd ei gerdd 'Y Gorthrymwr' yn *Y Genedl Gymreig*, cyhoeddwyd cerdd hir yn dwyn teitl syndod o debyg, sef 'Gorthrymder', yn *Yr Herald Cymraeg*. Cerdd dan ffugenw yw hon, ond nid yw'r arddull aruchel na'r delweddau armagedonaidd a ddefnyddiwyd yn ymdebygu i waith arferol W. J. Parry o leiaf. Ni chyfeirir yn uniongyrchol at y digwyddiadau yn Chwarel y Penrhyn yn y gerdd hon ychwaith, ond y mae ergyd ambell ran yn amlwg, ac ystyried y cyd-destun, ynghyd â'r ffaith fod yr awdur dienw yn ysgrifennu o Fethesda:

> Ai dyma'r gŵr sy'n sathru hawliau dŷn?
> Ha! Dyna'r dŷn sy'n meddu pethau'r byd.
> 'Mae'n gadarn frigog fel y lawryf gwyrdd',
> A rhanau mawr o'r ddaear ganddo fe;
> Mae'r comin a'r mynyddoedd at ei law,
> A chreaduriaid gwyllt anialwch gwlad,
> A'r llu asgellog mawrion yn eu rhyw
> A llama dros iawnderau cyfiawn dŷn,
> Ar redeg at ei 'sglyfaeth fel y blaidd,
> Gan sathru'r tlawd a'r gwan o dan ei draed,
> A diystyru mawredd Duw a'u gwnaeth,
> Gan fyw mewn rhwysg annuwiol, balch y byd . . .
>
> . . . Gwir eiddo Duw yw'r ddaear fawr i gyd,
> A'i eiddo ef yw'r anifeiliaid oll;
> A Duw a'th roddodd dan ei dyner law
> Yn blentyn bach ar fynwes ffawd
> Y chware'n llon a gwael deganau'r llawr;
> Ond balchder ddaeth, fel brenhin creulon, erch,
> Ag uchel drem uchelgais, yn ei fraich,

> Cenfigen cas, a thrachwant ar eu hol;
> Ac wele draw ddigofaint llawn yn dod,
> Hên dylwyth du, ellyllon gwlad y gwyll,
> Cwmpeini hoff gorthrymwr ydyw'r rhein;
> Mae'n hilio bwrdd i'r llu uffernol hyn
> Mewn dig, fel llew rhuadwy yn y coed,
> A'i ddannedd yn 'sgyrnygu ar y tlawd,
> Nes troi ei ganu'n alar yn y fan.

Megis W. J. Parry, yr oedd yr awdur, a ysgrifennai dan y ffugenw 'Claudia', wedi symud yn bur bell oddi wrth gŵynion y gweithwyr drwy bortreadu'r cyfan fel brwydr rhwng 'da' a 'drwg'. Nid bod hynny'n beth dieithr i'r chwarelwyr; peth cyffredin oedd i'w cynrychiolwyr drafod y cwynion yn y fath fodd. Ond y mae'r ddwy gerdd hyn yn arwyddocaol gan eu bod yn adlewyrchu, o gyfnod cynnar iawn yn y gwrthdaro, barodrwydd y newyddiaduron Cymreig i hybu'r agweddau diwylliannol a'u cysylltai eu hunain â'r streic ac i geisio ychwanegu at arwyddocâd safiad y chwarelwyr.

Erbyn y gwanwyn canlynol, yr oedd yn anochel y byddai thema ymfudiaeth yn dod yn amlwg iawn. Dyna, er enghraifft, fyrdwn cân ar 'Y Cload Allan ym Methesda' gan Dulyn:

> Gwasgarwyd meibion llafur
>   Ar hyd a lled y wlad,
> Rhagluniaeth sy'n gofalu
>   Amdanynt, pwy a wâd?
> Meddyliwyd gan rhai pobl
>   Mai pabwyr oedd y 'bois',
> Ond cryf a nerthol ydynt
>   Ynghanol gwyntoedd croes.
>
> Hwy ddioddefasant lawer,
>   Dioddefant eto fwy
> Cyn byth y câ cyfiawnder
>   O'u hachos deimlo clwy'.

> Teithiasant trwy ddyffrynoedd
> A thros fynyddoedd maith
> Heb ildio na diffygio,
> I chwilio am ryw waith.

Ceir yma ymwybyddiaeth fod meibion y fro wedi aberthu, ond y mae'r bardd yn dal i fod yn hyderus:

> Trwy fisoedd du y gaeaf
> Brwydrasant frwydr boeth;
> Mae'r goncwest bron yn ymyl,
> Dowch allan fel aur coeth;
> Os bu y gaea'n dywyll,
> Daw eto heulwen haf,
> Os hau a wnaent mewn adfyd,
> Cewch fedi cnydau braf.

> Fe wena heulwen llwyddiant
> Ar eich llechweddau glân,
> Fe glywir eto fiwsig
> Morthwylion, fawr a mân,
> Y cŷn a'r gyllell gerrig
> Fydd eto mewn llawn hwyl,
> A chithau'n llon a dedwydd
> Fel plant yn cadw gŵyl.

Yr un bardd yw hwn, yn ôl golygyddion y gyfrol *Beth am Gân!*, â'r B.R. a gyfansoddodd y 'Penillion ar Helynt Chwarel y Penrhyn' ym 1897, a diddorol yw olrhain y datblygiad yn ei feddylfryd rhwng y ddwy streic. Er ei fod yn dechrau drwy gyffelybu safiad y chwarelwyr i fod ym 'mhoethder gwres y gad', ac yn priodoli'r cwynion i waith y diafol yn ddiweddarach, at ei gilydd y mae cerdd 1897 yn canolbwyntio ar gŵynion uniongyrchol y gweithwyr:

> Buoch, do, mewn brwydrau eraill,
> Enillasoch, do, y dydd;
> Os y byddwch oll yn unol,
> Dowch o'r frwydr etto'n rhydd;

Rhydd i ddadleu pris eich llafur,
   Rhydd i ddadleu gwerth eich gwaith,
Fe'ch bendithir gan dyrfaoedd
   Ar eich ol am amser maith.

Y mae genych amryw gwynion,
   Teimlo 'rydych oll i gyd
Eu bod oll yn wir resymol,
   Coelied nefoedd, coelied byd;
A oes rheswm neu ddynoliaeth
   Mewn rhoi cyfoeth i ryw rai,
Ac i adael y mwyafrif
   I lewygu yn y clai? . . .

. . . Er i estron eich gorthrymu,
   Er dyoddef dan ei glwy',
Peidiwch byth a thori'ch calon,
   Peidiwch dyoddef dim yn hwy,
Dyoddefasoch ddigon eisoes,
   Mynwch fuddugoliaeth lwyr,
Er mor dywyll yw y boreu,
   Daw goleuni yn yr hwyr.

Fe fu ymgais, do, i'ch maglu,
   Ymgais ddiafoledig oedd,
Ond fe welwyd y dichellion,
   Daethant oll i gyd ar g'oedd.
Peidiwch rhoddi ffydd na hyder
   Ar addewid estron ddyn,
Nad oes ganddo yn ei galon
   Ond ei lesiant ef ei hun.

Dylech wneuthur penderfyniad
   I ymuno oll i gyd
Gyda'ch gilydd yn gyfangorph,
   Wedi'n gellwch herio'r byd;
Os rhanedig etto fyddwch,
   Ni ddiangwch byth i'r lan;
Byddwch unol, codwch faner,
   Baner Undeb yn mhob man.

Y mae'r ail gerdd yn llawer llai uniongyrchol, er mai annerch y streicwyr a wneir eto o ddiwedd y trydydd pennill ymlaen. Ond yn hytrach na chanolbwyntio ar y cwynion, try'r bardd i fyd delweddaeth, gan sicrhau ei gynulleidfa y

> Dadwreiddia stormydd nerthol
> Y dderwen gadarn fawr,
> Er cymaint ei chadernid
> Hi gwympa ar y llawr;
> Ond am yr helyg gwylaidd
> Sy'n plygu gyda'r gwynt
> Ar ôl i'r storm fynd heibio
> Fe'u gwelir megis cynt.

Cerdd a ymddangosodd ar ffurf pamffled oedd hon yn wreiddiol, yn fwy na thebyg, ond y mae trosiadau Beiblaidd wedi treiddio iddi hithau, fel yn achos y farddoniaeth a gyhoeddid yn y papurau newydd:

> Meddyliodd Haman greulawn
> Lwyr ddifa'r Iddew gwan,
> Fe ddug gamdystiolaethau
> I'w erbyn o bob man,
> Ond pan y gwir ddeallwyd
> Yr amgylchiadau i gyd,
> I'r crocbren yr aeth Haman
> Yn 'siampl i'r holl fyd.

Er y gwahaniaethau, yr un diben cymdeithasol a oedd i ddwy gân Dulyn, sef annog y chwarelwyr yn eu safiad a'u sicrhau y byddai'r canlyniadau yn ddigon i wneud iawn am yr aberth yn y pen draw.

Dyna hefyd fyrdwn y gytgan mewn cân a gyfansoddwyd gan chwarelwr o'r enw Thomas Williams oddeutu mis Mehefin neu Orffennaf 1901:

Weithwyr dewr, O! byddwch bur,
Weithwyr dewr, O! byddwch bur;
Buddugoliaeth sydd yn sicr –
Dim ond sefyll fel y dur.

Ond prif nod y gân 'Bradwyr Bethesda a'r Cylch' oedd difenwi
unigolion a geid ymhlith 'Bradwyr yr Unfed ar Ddeg', sef y
rhai cyntaf i ddychwelyd pan ailagorwyd y chwarel. Yn ôl ei
nai, byddai Thomas Williams a rhai o'i gyfeillion yn mynd o
gwmpas yr ardal yn erlid y bradwyr liw nos, a cheir
cyfeiriadau at hynny yn y gân wrth i'r bardd sôn am 'gasglu'r
giwiad' a 'chwilio am gynffonau', ac yn fwy penodol am
'Moses Ddol, a gaffodd glustan' a 'Will Tom rhwn gafodd
fonclust'. Dim ond mewn llawysgrif o eiddo'r bardd, sydd ym
meddiant y teulu, y cedwir copi o'r gân hon, ond y mae'r
ffaith ei bod yn bosibl cymharu bron y cyfan o'r enwau â'r
rhestrau o enwau a chyfeiriadau bradwyr a ymddangosodd yn
Y Werin a'r *Eco Cymraeg* ym mis Mehefin 1901 yn dangos
bod rhai o'r newyddiaduron Cymraeg yn fodlon hybu'r math
hwn o weithgarwch. Prin bod angen i bapurau newydd
gyhoeddi rhestrau o'r fath i'r streicwyr wybod pwy oedd 'y
fintai o'r rhai tila' a oedd wedi eu bradychu, fodd bynnag, ac y
mae'r ffaith fod Thomas Williams yn cyfeirio at gynifer
ohonynt yn ôl eu ffugenwau yn dangos ei fod yn hollol
gyfarwydd â hwy ac yn trosglwyddo'r wybodaeth at hynny yn
y ffordd fwyaf naturiol i'r rhai a fyddai'n clywed y gân. Y
mae'n anodd gorbwysleisio arwyddocâd cân fel hon oherwydd
rhoddai bwysau cymdeithasol enfawr nid yn unig ar y
bradwyr ond hefyd ar rai eraill o blith y streicwyr a oedd yn
cloffi rhwng dau feddwl.

Y mae'n werth nodi mai mab oedd Thomas Williams i
Benjamin Williams – gŵr a ddisgrifir yn *Bargen Bywyd fy
Nhaid* fel 'Benja Williams – un arall o glwyfedigion y
frwydr', hynny yw, o ferthyron y streic, na chafodd
ddychwelyd i'r chwarel ar ei therfyn. Perthyn y cyfan o

RHYBUDD.

Bydd Chwarel y Penrhyn yn agored ar ddydd Mawrth, Mehefin 11eg, i'r holl weithwyr diweddar sydd wedi apelio am waith ac a dderbyniwyd.

Fel yr hysbyswyd yn Chwefror diweddaf, mae y Rheolau Disgyblaeth wedi eu cyfnewid, ac y mae rheol newydd wedi ei thynu allan a chytuno arni, pa un, yn ymarferol, a rydd haner diwrnod o Wyl ar y dydd olaf o bob mis, yn mhob peth arall y mae Rheolau y Chwarel yn parhau yr un fath ag o'r blaen. (Y mae y Rheolau Newyddion y cyfeirir atynt yn argraffedig isod.)

Yn ystod y pythefnos nesaf (h.y., dim diweddarach na Mehefin 4ydd), yr wyf yn barod i dderbyn ceisiadau pellach oddiwrth weithwyr diweddar (heblaw bechgyn) a ddymunant ddychwelyd i weithio. Rhaid i bob ymgeisydd roddi eu rhif blaenorol yn y Chwarel a'r "Bonc," hefyd enw llawn a chyfeiriad.

Ni ellir ystyried ceisiadau oddiwrth "fechgyn" am ail-ddychwelyd i'r Chwarel hyd o leiaf bythefnos ar ol i'r dynion ail-ddechreu gweithio.

Mewn trefn i gario allan y gyfraith mewn perthynas i fygwth neu boeni trwy ormes neu fodd arall (o dan Ddeddf Cyd-fradwriaeth ac Amddiffyniad), y mae amddiffyniad heddgeidwadol digonol wedi ei addaw gan y Prif Gwnstabl, Colonel Ruck.

E. A. YOUNG.

Port Penrhyn, Bangor,
20 Mai, 1901.

RHEOLAU NEWYDDION.

Disgyblaeth.---Bydd pob ceryddon trwy "ataliad" neu ddiswyddiad. Er engraifft, os bydd gweithiwr yn dyfod yn hwyr (oddieithr drwy aflechyd neu achos sydyn o bwysigrwydd mawr), fe gaiff y tro cyntaf ei rybuddio, yr ail waith atelir ef am chwarter diwrnod, y trydydd droseddiad ataliad am haner diwrnod; ond ceryddir troseddwyr parhaus yn fwy difrifol neu a diswyddiad.

Diwedd y Mis.---Ar y dydd Mawrth diweddaf · yn mhob Mis y Chwarel bydd y gweithwyr ar ol rhoddi eu cerrig a'u cyfrifon i fyny a threfnu eu bargeinion am y Mis dyfodol yn rhydd i adael y Chwarel, os dewisant, am y gweddill o'r dydd.

29 'Rhybudd' gan E. A. Young ar 20 Mai 1901 yn siarsio'r chwarelwyr i ddychwelyd i'w gwaith ymhen tair wythnos.

gyfansoddiadau barddol y mab sydd ar gadw ymhlith ei lawysgrifau i gyfnod yr anghydfod. Un ohonynt yw cerdd ddi-deitl a gyfansoddwyd, o bosibl, ar gyfer rhyw gystadleuaeth neu'i gilydd gan ei bod yn dwyn y ffugenw 'Twm Gronwy'. Ynddi ceisia'r bardd ddirnad y rhesymau am 'yr helyntion blin', gan addef bod y cwestiwn yn pwyso arno. Yn y diwedd, gan bersonoli'r achos fel aderyn, daw i'r casgliad mai:

> Pertrusen fechan fagwyd
>   Yn isel ar y llawr,
> Mewn brad a chynffoneiddiwch,
>   Nes iddi dyfu'n fawr.
>
> A hono sy'n gyfrifol
>   O ddechrau'r helynt hwn
> Sydd wedi ymeangu
>   O gylch y byd yn grwn.
> Disgyned gwreichion Uffern
>   I losgi maes ei fflu,
> A chladdu hi'n y diwedd
>   Yn medd y bradwr du.

Gwêl y bardd fod yr helyntion yn deillio o'r cynffonna a fu'n digwydd yn y chwarel ers cenedlaethau. Daeth yr hanesydd R. Merfyn Jones i'r un casgliad pan ddywedodd na lwyddodd radicaliaeth Gymreig erioed i lwyr ddileu 'that small section of the working class, almost entirely Welsh-speaking, which supported the Tory cause; on the contrary, it returned to the stage with a vengeance in June 1901 when, as blackleg labour, it made sure of Penrhyn's final victory'.

Canolbwyntio hefyd ar frad y rhai a dorrodd y streic a wnaeth cerdd a ymddangosodd yn *Yr Eco Cymraeg* ar 6 Gorffennaf 1901 – a hynny dair wythnos wedi i'r papur gyhoeddi enwau a chyfeiriadau rhai ohonynt. Yn ôl 'Nid Bradwr', byddai digwyddiad 11 Mehefin 1901 yn cael ei

gofio 'am oesau maith i ddyfod', 'Fel Brad y Cyllill Hirion, /
A brad y Powdwr Gwn', ac ni cheisiodd ffrwyno ei atgasedd
wrth droi i annerch y rhai a ddychwelodd at eu gwaith y
diwrnod hwnnw:

> O! fradwyr heb ddynoliaeth,
>   Cynffonwyr drwg eu rhyw,
> Hunaniaeth a theg weniaeth
>   Yw'r bwyd a'ch ceidw'n fyw.
> Mae'ch ffiaidd weithred aflan
>   Yn ddrewdod trwy bob gwlad;
> Nid ugain darn o arian
>   Yw unig wobr Brad.

Naws heriol sydd i'r gân wrth gyfeirio at y 'lluoedd
heddgeidwaid' a welir 'yn britho'n gwlad, / Dan nawdd yr
awdurdodau, / Er mwyn amddiffyn Brad', ac yr oedd y
cyfansoddwr mor sicr ag y buasai Cadvan wyth mis ynghynt
mai'r streicwyr a oedd yn '[g]wneud yr hyn sydd iawn'. Yn y
pennill olaf y mae'n eu hannerch yn uniongyrchol ac yn eu
siarsio i ddal ati. Yma eto, nid yw'r gyfeiriadaeth Feiblaidd
ymhell o'r wyneb:

> Chwi ddewrion blant ein tadau
>   Eich hawliau mynwch gael;
> Bydd enill buddugoliaeth
>   Yn fwy o werth na'r draul.
> Rhag pob temtasiwn gwyliwch,
>   Fel llanciau byddwch bur;
> I'r ddelw fawr na phlygwch,
>   Ond safwch fel y dur.

Anogaeth debyg a gafwyd gan 'Fin-y-Ffrwd' mewn cerdd a
ymddangosodd yn *Y Genedl Gymreig* ddiwedd mis Awst
1901. Nid yw geiriau'r gerdd hon mor herfeiddiol â'r rhai a'u
rhagflaenodd, ac yr oedd y pwyslais bron i gyd bellach ar
ddyfalbarhad:

Daw bore teg a hyfryd hin
'Rol noswaith flin o rwyfo;
Mae gofal Duw – mor hyfryd son,
Yn gyson am ei eiddo.

Os teimlir fod y gwynt yn gryf,
Yn hyf wynebwn arno;
Na ddigaloned neb er hyn,
Parhawn yn dyn i rwyfo.

Os ydyw'r mor yn codi'i ruwch,
A'i donau'n uwch yn chwyddo,
Yn benderfynol byddwn wyr,
Bob un yn bur i rwyfo.

Os yw'r ystorm yn parha'n hir,
A'r mor a'r tir mewn cyffro,
Ymunwn oll – ac er yn wan,
Cawn lan ond para' i rwyfo.

Os ydyw'r ymdrech yn dwyshau,
A ninau'n mron a suddo,
Edrychwn draw ar ben y daith,
Mae'r gobaith oll mewn rhwyfo.

Ac os yw Pharo'n bwrw'i lid,
Gan erlid ac anrheithio;
Fel Moses gynt dyrchafwn lef,
I'r Nef am nerth i rwyfo.

Hyd yn hyn canolbwyntiwyd ar y cerddi hynny a ymddangosodd yn y newyddiaduron radicalaidd ac a oedd yn bleidiol iawn i'r streicwyr. Ond y mae'n werth edrych ar un darn diddorol a gyhoeddwyd yn *Y Chwarelwr Cymreig*, papur Torïaidd ac eglwysig a oedd wedi ei anelu'n benodol at y gweithwyr, ym mis Rhagfyr 1901. Gydol yr helynt cyhoeddwyd adroddiadau ffurfiol yn y golofn wythnosol grafog 'O Ben y Garnedd', ond hwn oedd y darn creadigol cyntaf i ymddangos ynddi. Darn o ddeialog ydyw, dan y pennawd 'Helynt y Penrhyn: Wedi cael hyd i'r "fuddugoliaeth'" ac wedi ei gyhoeddi dan y ffugenw 'Dic Rolant'. Sail cwyn Dic yw fod y 'lidars' a'r gweinidogion wedi camarwain y dynion i gredu bod buddugoliaeth ar ei ffordd, dim ond i'w dadrithio, flwyddyn wedi dechrau'r helyntion, drwy eu hannog i ymfudo i Ganada. Nid dioddefwyr stoicaidd mo Shon a Malw yn y ddeialog hon:

> MALW: Wel, mi gymrwn fy llw y munud yma, welwn i
> ddim bai ar yr hogia am fyn'd i'r chwarel cynta
> medra nhw. Mae nhw yn deud wir fod yna lawer am
> fyn'd tua'r Dolig. Wrach bod nhw wedi cael allan be
> ydi'r 'fuddugoliaeth' sydd wedi ei haddo. Myn'd i
> Canada wir! Gad iddu nhw eu hunain fyn'd yno,
> Shon, os du nhw yn lecio myn'd. Ond na i ddim
> tori nghartra cysurus i fyny i'w plesio nhw. Shon,
> wyt ti ddim wedi gwel'd nhw wedi gneyd tro gwael
> hefo ni? Deud yn mhob cyfarfod mawr fod
> 'buddugoliaeth' yn ymyl – a hitha yn Canada! Pam
> ei ditha i'r chwarel, Shon, a gadael llonydd iddu nhw
> neud eu potes – yn Canada os ydu nhw yn dewis?
> SHON: Wel wir, Malw, pe baswn i yn gwybod sut i fyn'd
> yno, i'r chwarel yr awn i fory nesa.

Diweddir y darn â cherdd sy'n lleisio'r un safbwyntiau ag a geid yng ngholofn y 'Sylwebydd' ac sy'n llawn dirmyg at yr ochr arall:

> Wel, dyma fuddugoliaeth
>   Na bu erioed ei bath,
> Cael myn'd i wlad Canada
>   I fwyta uwd a llaeth.

> Mae dolur ar fy nghalon
>   Gael myn'd i'r Chwarel Fawr,
> I enill arian gloewon
>   Wrth dynu'r graig i lawr.

Aed Wil a Dan a Harri,
    A'u giwaid gyda hwy,
I gloddio gwlad Canada –
    Ceir mawr ymwared mwy!

Eithriad yw'r math hwn o beth, ac nid yw llais y garfan a dorrodd y streic wedi goroesi yr un fath mewn llenyddiaeth. Yr unig gân arall sy'n hysbys yw honno i 'Chwarel Foel Faban', gyda'i chyfeiriadau dilornus at rai o ffigurau amlwg y mudiad Llafur newydd – Mabon a Keir Hardie – ac sy'n sôn yn sbeitlyd am y rhoddion a dderbyniai'r streicwyr gan gefnogwyr mewn ardaloedd eraill:

Esgidiau ddaw o Le'ster,
    O Lancasir daw clogs,
A phwdin wrth y dunell
    A ddaw yn 'Christmas Box'.

Y sebon ddaw o Sunlight
    Y Colman ddaw a'i 'starch'
A'r tintacs ddaw o Sheffield,
    Y rhain sydd ar y 'march'.

Hen ddillad ddaw o Loegr
    Yn siwtiau o bob rhyw,
A blwmars braidd yn fudur
    Hoel gwisgo mawr, gwir yw.

Coleri, a rhain yn drewi,
    A chapiau mawr, dau big,
I ffitio penna digri,
    Wel, peidiwch bod yn ddig.

'Gogangerdd un o'r Bradwyr' ydyw, yn ôl Evan Parry, Tabernacle Terrace, yn un o'i lythyrau at J.W. Jones, Blaenau Ffestiniog, ac yntau'n berchen ar gasgliad gwerthfawr o gerddi a chaneuon y streic – casgliad a gollwyd yn ddiweddarach, gwaetha'r modd.

A dychwelyd at y papurau newydd radicalaidd, fodd bynnag, y mae'n werth oedi gyda cherdd a ymddangosodd yn *Y Genedl Gymreig* ar 21 Ionawr 1902:

> Och! adgas enw! Judas Fradwr! Boed
> Yn felltigedig byth ei adsain ef!
> Cymylau o ddigofaint Duw a fydd
> Yn aros yn grogedig uwch ei ben:
> A syrthied dafnau dwyfol sorriant dros
> Ei fantell ddieflig, gan ei gwneyd yn fflam
> Ofnadwy'n ngolwg creadigaeth Duw –
> I'w dychryn rhag y fath uffernol fod.

Nid cerdd a gyfansoddwyd yn benodol er mwyn dirmygu'r bradwyr ydoedd hon gan iddi ymddangos fel rhan o gerdd arall yn collfarnu Judas y Testament Newydd yn y gyfrol *Blodau'r Nant* gan Heilyn (John Williams) ym 1898, ond, o'i dyfynnu yng nghyd-destun y cyfnod, magodd ystyr newydd – fel ag y gwnaethai 'Gorthrymwr' W. J. Parry. Y mae'r gerdd yn y gyfrol hon sy'n ymdrin â streic 1896–7 yn fwy llariaidd o lawer:

> Streic fawr y Penrhyn! peth digon didrefn
> I feistr a gweithiwr fod gefn yn nghefn;
> Medd hwn, 'Mae sail cysur a llwyddiant pob lle
> I'w gael mewn anrhydedd yn mhegwn y De', –
> Medd arall, 'yn eithaf y Gogledd fe'i cawn',
> Ac ymaith â'r ddeulu ar ryw brydnawn:
> Felly y croesfordwyasom yn mhell,
> Dros foroedd ystormus, am 'Begynau' gwell.
> Ond daethom yn ol, i drefnu ail gwrdd,
> A bwrw angor, nad oes myn'd i ffwrdd;
> A da gweled gwawriad y dydd o draw,
> I feistr a gweithiwr gael ysgwyd llaw.
> Bellach, ysgwydd wrth ysgwydd, fraich yn mraich,
> Yn mlaen a ni'n unol, gan gyd-ddwyn pob baich;
> Plant fyddwn yma dan gronglwyd y tad,
> Yn gysur cartref, ac yn fendith gwlad.

Ond, a dychwelyd at 'Judas Fradwr', y mae'n amlwg fod y dychan a geir yno yn ffyrnicach na dim a gafwyd yn y cerddi blaenorol a fu'n trafod streic 1900–03, ac y mae ei ffurf hefyd yn cyferbynnu'n amlwg â rhythmau ac odlau syml y rheini. Yn eironig, o bosibl, o gofio nad dyna oedd ei phwrpas gwreiddiol, gellir mynd cyn belled â dadlau mai'r gerdd hon, o blith y cyfan a gadwyd, sy'n crisialu orau y rhwyg a gafwyd yn y gymdeithas o ganlyniad i'r Streic Fawr. Dyma hefyd y gerdd olaf i ymddangos ar bwnc y streic yn *Y Genedl Gymreig*. Pery'r llythyru a'r adroddiadau, ond ni chafwyd rhagor o gerddi yn y papur ar ôl mis Ionawr 1902.

Cerdd ddadlennol arall yw'r un a ymddangosodd yn *Nharian y Gweithiwr* ym mis Mehefin 1902. Fe'i ceir ar derfyn yr adroddiad canlynol:

> Cyfarfu Hugh John Bright, Bethesda, a damwain ar y 25ain o Ebrill, 1902. Ar y ffordd i'r clafdy, gofynnodd un o'i gyfeillion iddo sut y teimlai. 'O, mae hi ar ben arna' i', meddai Bright. 'Nac ydi, nac ydi', meddai ei gyfaill. 'Ydi mae hi', meddai Bright, 'yr ydw i yn gwybod fod y diwedd yn yr ymyl. Ond wyddost ti', meddai drachefn, 'mae'n well gen i farw fel hyn na bod yn fradwr i'm cydweithwyr.' Bu farw Bright ar y 6ed o Fai, 1902, a chladdwyd ef ar y Sadwrn canlynol yn Nghladdfa Gyhoeddus Bethesda, Arfon.

Cyfaill i Hugh John Bright, y bardd-chwarelwr 'Glanmeurig', a gyfansoddodd y gerdd sy'n dilyn, gan ddefnyddio geiriau'r gwrthrych ei hun i lunio math o foeswers sydd hefyd yn gondemniad ar y bradwyr:

> Er dodi Bright mewn gwely gro,
>   Byw byth wna geiriau'n harwr;
> Mae damwain farwol mewn pwll glo
> Yn 'well' na bod yn fradwr.

Boed Duw yn Farnwr i'w hoff wraig,
     A Thad i'w blant amddifaid,
Ac iddynt oll yn Borth a Chraig,
     Rhag digwydd iddynt niwaid.

Pwy gara byth ond diafl mewn cnawd
     I fyw i fod yn fradwr,
A bod i'r byd yn destun gwawd,
     A digio ei Greawdwr.

Fel y nododd R. Merfyn Jones, y mae'r gerdd hon yn
fynegiant croyw o safbwynt y streicwyr:

> The popular sentiment . . . was that 'no man who
> betrays his fellow workers can belong at all to Christ's
> religion'. This belief was made easier, perhaps, by the
> predominantly Calvinist faith of the men; the enemies
> of the elect are the enemies also of God.

Ymddangosodd y gerdd olaf yn *Yr Herald Cymraeg* ar 22
Gorffennaf 1902, chwe mis ar ôl y gerdd ddiwethaf yn *Y
Genedl Gymreig*:

Mae yma le truenus
     Yn ein gwlad
Wrth weled bradwyr heintus
     Yn ein gwlad,
Brofasant yn anffyddlon;
Gwerthasant egwyddorion;
Heb allu bod yn ffyddlon
     Dros eu gwlad.
Yn fradwyr hyf a chreulon
     Oll i'w gwlad.

Nid cerdd wreiddiol oedd hon ychwaith ond, yn hytrach,
'hen bennill' a fynegai 'wir brofiad' yr ardalwyr. Y mae'r
ffaith nad oedd yr helyntion bellach yn ysbrydoli
barddoniaeth wreiddiol ynddi ei hun yn dweud cyfrolau, ond

eto y mae'r dewis o gerdd yn arwyddocaol. Pennill ydyw
sy'n fynegiant diamwys o ddadrith a chwerwedd, ac efallai
ei bod yn arwyddocaol – er gwaetha'r ffaith fod yr erthygl a'i
rhagflaena yn cyfeirio'n benodol at '[dd]yrnaid o ddynion
gwasaidd a diegwyddor' – fod y pennill ei hun yn sôn am
frad fel rhywbeth 'heintus', a bod y bradwyr erbyn hyn yn
ddigon niferus i allu bod yn 'hyf'. Ac nid yw'r hyfdra
hwnnw yn cael ei adlewyrchu yn well yn unman nag yn y
papur newydd Torïaidd *Gwalia*, y llosgwyd copïau ohono yn
y chwarel ar ddechrau'r helynt. (Daeth *Y Chwarelwr
Cymreig* i ben yn ddisymwth ym mis Mawrth 1902, ond yr
oedd llawer o debygrwydd rhwng cynnwys y ddau bapur, a
ddeuai o'r un stabl beth bynnag. Parhaodd y golofn 'O Ben y
Garnedd' yn *Gwalia* hyd yn oed wedi i'r *Chwarelwr
Cymreig* ddod i ben.) Ac yntau'n mynegi ei farn yn gynyddol
groch wrth i'r dyddiau a'r misoedd fynd heibio, yr oedd
'Sylwebydd' uwchben ei ddigon yn adrodd am un
'digwyddiad doniol' a brofodd yn y chwarel ym mis Mawrth
1903:

> Bu digwyddiad digrif yma y dydd o'r blaen. Daeth hen
> gyfaill doniol ac ychydig o'r awen farddonol ynddo
> heibio i'r caban, a spectol ar ei drwyn a phapyr yn ei
> law. Gwelwn oddiwrth ei wyneb ei fod mewn ysbryd
> direidus, a gofynais iddo beth oedd yn bod gan ei fod
> yn edrych mor llon? 'Ddaru chi ddarllan "speech"
> W. H.?' meddai, a'i lygaid yn chwareu yn nwyfus.
> 'Naddo', meddwn inau; 'oes rhywbeth neillduol ynddi'r
> wythnos yma?' 'Oes', medd efe, 'ac yr oeddwn wedi
> gwneud "conundrum" am dani wrth ddringo i fyny
> 'ma.' 'O', meddwn inau, 'beth ydyw hwnw?' 'Dyma fo',
> ebe fe: –
> 'Paham y mae "speech" W. H. yn debyg i botel y
> "ginger beer", neu beint o gwrw ffres?'
> 'Wn i ddim yn wir', meddwn inau drachefn.
> 'Wel', meddai, gan chwerthin, nes y syrthiodd ei

PUNT Y GYNFFON.

Mesur, "Y   Mochyn Du."

Glywsoch chwi'r ystori anfwyn—
Stori'r brâd, a stori'r cynllwyn?
Gwaeth na Brad y Cyllill Hirion
Yw ystori Punt y Gynffon.

Cydgan,

O! mor drwm yr ydym ni,
O! mor drwm yr ydym ni;
Y mae arnom alar calon,
Punt y Gynffon,—ach â hi!

Ofer siarad am bersonau,
Baich y testyn yw cynffonau
Os am helynt—"teulu'r gynffon"
Holwch urdd y "crysau gwynion."
Cydgan,—O! mor drwm, &c.

Rhaid cael corph i ysgwyd cynffon,
Pwy yw hwnw'r—corpws gwirion?
Rhyfedd iawn 'does ond cynffonau
Oll yn chware ar y bonciau!
Cydgan,—O! mor drwm, &c.

O! mor werthfawr yw *cymeriad!*
'Does â'i pryn holl aur y cread;
Dei'll yr hollfyd brynu *dynion*—
Fe eill *sofren* brynu cynffon!
Cydgan,—O! mor drwm, &c.

Bydd yn ffyddlon, O Chwarelwr!
Actia'r *dyn* gerbron uchelwr
Nis gall oesoedd tragwyddoldeb
Ddattod dyn o'i *gyfrifoldeb.*
Cydgan,—O! mor drwm, &c.

Weithwyr! Cariwch bawb eich croesau,
Chwi gewch fendith mil o oesau;
'Welir "cynffon" ar fynyddoedd
Yn hollti creigiau'r mil blynyddoedd?

Cydgan,—

O! mor hardd fydd eu gwedd!
O! mor hardd fydd eu gwedd!
Dynion cryfion—bawb yn ffyddlon,
A phob "Cynffon" yn ei fedd!!

"OLL YN CHWAREU AR Y PONCIAU."

30 Y gân 'Punt y Gynffon' a ymddangosodd ym mhamffled Undeb
Chwarelwyr Gogledd Cymru ar 1 Mai 1903.

'spectol i'r llawr, ac yntau ar ei hol hi, 'achos mai
"ffroth" yw'r cwbl.

> Ffroth i gyd,
> Ffroth i gyd,
> Ffroth yw'r cwbl,
> Fel mae gwaetha',
> Ffroth i gyd!'

Hyd yn oed os yw'n anodd cytuno bod gan yr henwr yr
'awen farddol', y mae'n ddigon amlwg fod y bradwyr hyn yn
cael hwyl fawr ar ben arweinyddion y streic a'r sawl a oedd
yn ddigon hygoelus i ymddiried ynddynt. Hawdd credu bod
ymagweddu o'r fath yn gwylltio'r streicwyr fwyfwy – ac y
mae'n bosibl hefyd fod hynny'n rhan o'r bwriad.

Un ffaith ddiddorol yw fod cân enwocaf y streic hefyd yn
un o'r rhai olaf i ymddangos. Gwelwyd 'Punt y Gynffon' (i'w
chanu ar fesur 'Y Mochyn Du') am y tro cyntaf ar 1 Mai
1903 mewn pamffled a gyhoeddwyd gan Undeb y
Chwarelwyr ar gyfer Cynhadledd Bethesda. Seiliwyd y gerdd
ar ymadrodd a oedd yn bodoli eisoes am sofren a roddid i'r
sawl a ddychwelai i'r chwarel:

> Glywsoch chwi'r ystori anfwyn –
> Stori'r brâd, a stori'r cynllwyn?
> Gwaeth na Brad y Cyllill Hirion
> Yw ystori Punt y Gynffon.
> *Cydgan, –*
>
> O! mor drwm yr ydym ni,
> O! mor drwm yr ydym ni;
> Y mae arnom alar calon,
> Punt y Gynffon, – ach â hi!
>
> Ofer siarad am bersonau,
> Baich y testyn yw cynffonau,
> Os am helynt – 'teulu'r gynffon'
> Holwch urdd y 'crysau gwynion'.
> *Cydgan, –* O! mor drwm, &c.

Rhaid cael corph i ysgwyd cynffon,
Pwy yw hwnw'r – corpws gwirion?
Rhyfedd iawn 'does ond cynffonau
Oll yn chware ar y bonciau!
Cydgan, – O! mor drwm, &c.

O! mor werthfawr yw *cymeriad!*
'Does â'i pryn holl aur y cread;
Dei'll yr hollfyd brynu *dynion* –
Fe eill *sofren* brynu cynffon!
Cydgan, – O! mor drwm, &c.

Bydd yn ffyddlon, O Chwarelwr!
Actia'r *dyn* gerbron uchelwr
Nis gall oesoedd tragwyddoldeb
Ddattod dyn o'i *gyfrifoldeb.*
Cydgan, – O! mor drwm, &c.

Weithwyr! Cariwch bawb eich croesau,
Chwi gewch fendith mil o oesau;
'Welir 'cynffon' ar fynyddoedd
Yn hollti creigiau'r mil blynyddoedd?
Cydgan, –

O! mor hardd fydd eu gwedd!
O! mor hardd fydd eu gwedd!
Dynion cryfion – bawb yn ffyddlon,
A phob 'CYNFFON' yn ei fedd!!

Trafodwyd eisoes nifer o nodweddion caneuon fel hon. Fel
yn achos 'Nid Bradwr' o'i flaen, y mae'r awdur yn cyffelybu
gweithred y cynffonwyr i frad enwog arall, sef Brad y Cyllyll
Hirion, a cheir awgrym yn y pennill olaf ond un fod y
bradwyr yn atgas yng ngolwg Duw. Ceir yma hefyd adlais o
safbwyntiau rhai o brif areithwyr y streic ynglŷn â
phwysigrwydd sefyll 'fel *dynion*' ac i fynnu cael eu trin 'fel
dynion'. Oherwydd iddynt fradychu eu cyd-weithwyr, y

mae'r rhai a dorrodd y streic yn llai na dynion, a chyda'u cynffonnau, yn ddim gwell nag anifeiliaid – fel y tair cath a ddangosir ar waelod y pamffled.

Yr oedd y penderfyniad i osod y gân ar dôn mor gyfarwydd yn fodd effeithiol o sicrhau ei bod yn cael cylchrediad eang ac yn cyrraedd clustiau'r gymdogaeth gyfan ymhen fawr o dro. Yn ogystal â bod yn sarhad pellach ar y bradwyr, yr oedd yn ddull o roi pwysau ar eraill a allai fod yn meddwl am wneud cais i gael dychwelyd i'r chwarel erbyn y cyfnod hwn. Er mor ddeniadol oedd 'Punt y Gynffon' i rai a oedd wedi byw heb gyflog am ddwy flynedd a hanner, yr oedd y gân yn eu hatgoffa mai'r pris i'w dalu oedd colli 'cymeriad' ac enw da am byth.

Ni cheir bellach unrhyw sôn am fuddugoliaeth nac am i'r awdurdodau dderbyn eu gofynion. Rhoddir y pwyslais cyfan ar fod yn 'ffyddlon', glynu wrth eu 'cyfrifoldeb' – hynny yw, peidio ag ildio. Y mae'r pennill olaf, sy'n ailadrodd y llinell 'O! mor hardd fydd eu gwedd', fel pe bai'n tynnu ar naws emynyddiaeth Gymraeg ac o'r herwydd yn creu'r awgrym mai yn y byd nesaf y ceir y fuddugoliaeth – byd o '[dd]ynion cryfion – bawb yn ffyddlon' na chaiff yr un 'cynffon' fynediad iddo.

Y mae'n anodd osgoi'r argraff mai cerddi a chaneuon yn codi'n uniongyrchol o sefyllfa oedd y corff o lenyddiaeth sy'n gysylltiedig â'r Streic Fawr, ond bod dirnadaeth gwahanol garfanau o fewn y gymdeithas o'r sefyllfa honno yn amrywio yn ôl eu hamgylchiadau. Nid yr un oedd gweledigaeth y streiciwr cyffredin ag eiddo masnachwr dosbarth-canol, heb sôn am y Tori a'r bradwr. Cerddi ac iddynt swyddogaeth gymdeithasol bendant oedd y rhan fwyaf o ddigon, serch hynny – a'r mwyafrif ohonynt yn condemnio'r bradwyr ac yn dwyn pwysau ar y streicwyr i barhau'n ffyddlon i'r achos. Y mae'n fwy na thebyg fod cerddi eraill wedi eu cyfansoddi a bod iddynt ddiben gwahanol – er enghraifft, i annog pobl mewn ardaloedd eraill i gyfrannu at gronfa'r streic. Ceir dwy gerdd o'r fath o

gyfnod streic Chwarel Dinorwig yn Archifdy'r Brifysgol ym
Mangor ond, hyd y gwyddys, nid oes yr un o Ddyffryn
Ogwen wedi goroesi. Eithriad yw'r englyn a gyfansoddwyd
gan Ddewi Gwallter i ddiolch i un o'r corau am eu cyfraniad
ac a gyhoeddwyd yn *Yr Herald Cymraeg* ar 30 Rhagfyr 1902.
Gan mai nod cymdeithasol a oedd i'r cerddi hyn, nid
oedd yn fwriad gan eu hawduron geisio cloriannu'r sefyllfa.
Bu'n rhaid aros tan 1946 cyn cael ymdriniaeth greadigol
gynhwysfawr â'r pwnc gan T. Rowland Hughes yn y nofel
Chwalfa. Digwyddodd hynny, wrth gwrs, ar ôl y 'newid byd'
y soniodd Dafydd Glyn Jones amdano. Er mai'r nofel honno
yw'r amlycaf yn y maes, y mae awduron hyd heddiw yn
parhau i ymddiddori yn y pwnc dadleuol hwn ac yn ceisio
llenwi'r bwlch a adawyd gan y genhedlaeth a ddaeth yn
union ar ôl y Streic Fawr.

DARLLEN PELLACH

R. Merfyn Jones, *The North Wales Slate Quarrymen, 1874–1922*
(Caerdydd, 1982).
Jean Lindsay, *A History of the North Wales Slate Industry*
(Newton Abbot, 1974).
Jean Lindsay, *The Great Strike: A History of the Penrhyn Quarry
Dispute of 1900–1903* (Newton Abbot, 1987).
Emyr Hywel Owen, 'Peth o Gefndir "Chwalfa"', *Lleufer*, XIII, rhif
4 (1957).
Emyr Hywel Owen, 'Rhagor o Gefndir "Chwalfa"', *Lleufer*, XIV,
rhif 3 (1958).
Emyr Hywel Owen, 'Cyn y "Chwalfa" – ac wedyn', *Lleufer*, XIX,
rhif 2 (1963).
Ernest Roberts, *Bargen Bywyd fy Nhaid* (Llandybïe, 1963).
T. Rowland Hughes, *Chwalfa* (Aberystwyth, 1946).
J. Ll. W. Williams, 'W. J. Parry: Quarryman's Champion?', *Llafur*,
8, rhif 1 (2000).
J. Roose Williams, *Quarryman's Champion: The Life and
Activities of William John Parry of Coetmor* (Dinbych, 1973).

'TE PARTI MWNCÏOD'? RHWYG, ANGHYTGORD A DATBLYGIAD POLISI LLAFUR AR DDATGANOLI, 1966–1979

Andrew Edwards

[Denis] Healey went on and on, saying that the Cabinet had never agreed to devolution. He interrupted HW [Harold Wilson] in a most boorish way. [Tony] Crosland objected to this. [Roy] Jenkins was embarrassed by Healey's crude style but agreed with his argument. [Willie] Ross was booming away at the end of the table that it was too late to object, devolution was a fact of life. HW was trying without success to restore order. For twenty minutes, it was like a monkey's tea party.

Bernard Donoughue

Yn 2009 bydd Cymru yn dathlu deng mlynedd o gael ei llywodraethu gan y Cynulliad Cenedlaethol. Bydd y flwyddyn honno hefyd yn dynodi degfed pen blwydd ar hugain y refferendwm ar ddatganoli a gynhaliwyd ar 1 Mawrth 1979. Ni allai'r cyferbyniad rhwng y ddau ddigwyddiad hyn fod yn fwy. Tra cofir y naill â rhywfaint o foddhad a balchder, cofir y llall fel penllanw un o'r ymgyrchoedd mwyaf rhwygol a chwerw yn hanes gwleidyddol Cymru. Dros y deng mlynedd diwethaf y mae cefnogaeth i ddatganoli wedi tyfu'n gyson ac y mae mwyafrif o etholwyr Cymru erbyn hyn yn awyddus i weld y Cynulliad yn ennill grymoedd a chyfrifoldebau a fydd yn caniatáu iddo lywodraethu Cymru yn fwy effeithiol. Ychydig o bobl erbyn hyn sy'n dymuno troi'r cloc yn ôl. Y mae hyd yn oed aelodau o'r Blaid Geidwadol Gymreig – a fuasai mor elyniaethus i unrhyw ymgais i danseilio undod Prydain – yn galw am adeiladu agenda wleidyddol neilltuol Gymreig o gwmpas datganoli a'r Cynulliad. Yn y cyfamser y mae Llafur a Phlaid Cymru – a fuasai yn benben dros gwestiwn datganoli – wedi canfod digon o dir cyffredin i ffurfio llywodraeth glymblaid, gweithred a fuasai y tu hwnt i amgyffred ddeng mlynedd yn ôl a thu hwnt i bob dychymyg yn ystod y 1970au.

Yn y Gymru ddatganoledig newydd byddai'n dda gan lawer anghofio'r ymgyrchoedd chwerw a ragflaenodd refferendwm 1979 a dylanwad dinistriol y canlyniad ar Gymru ac ar ddaliadau rhai pobl. I nifer o wladgarwyr a chefnogwyr datganoli dynodai methiant y refferendwm ym 1979 'farwolaeth cenedl'. Wrth chwilio am eglurhad dros faint y gurfa, tybiai rhai fod etholwyr di-asgwrn-cefn wedi ymwrthod â Chymreictod. Yn sgil canlyniad 1979 bu cryn helfa am fychod dihangol. I'r mwyafrif o genedlaetholwyr yng Nghymru nid oedd fawr o amheuaeth nad y Blaid Lafur

Gymreig a fu'n bennaf cyfrifol am yr ymateb alaethus. Crisialodd Gwynfor Evans deimladau nifer o genedlaetholwyr, ynghyd â chefnogwyr i ddatganoli y tu hwnt i Blaid Cymru:

> Untrustworthy, unprincipled and unscrupulous ... insincere, devious and crooked ... nothing has been further from Labour's mind than the welfare of Wales, nothing more consistently within its sights than the destruction of Plaid Cymru.

Yr oedd hyd yn oed y sawl a oedd yn feirniadol o wleidyddiaeth, arweinyddiaeth a thactegau Plaid Cymru yn y rhagarweiniad i refferendwm 1979 yn cydnabod y gallai'r rhan fwyaf o'r bai am y canlyniad gael ei osod ar Lafur, er bod arweinwyr Plaid Cymru braidd yn ddiniwed yn credu y gallai'r Blaid Lafur ymgyrchu yn ddidwyll dros fater nad oedd ganddi fawr o ffydd ynddo. Fel y dadleuodd Phil Williams yn sgil y refferendwm:

> In Bengal when a child is eaten by a tiger, they do not blame the tiger for behaving as tigers always behave. They blame the head of the village, who didn't keep the fences repaired and who didn't organise the hunt in time.

Dros y deng mlynedd ar hugain diwethaf y mae'r ymgyrchoedd a drefnwyd gan wrth-ddatganolwyr y Blaid Lafur wedi dod yn rhan o chwedloniaeth wleidyddol Cymru. Anfarwolwyd y 'gang of six' – Neil Kinnock, Leo Abse, Donald Anderson, Fred Evans, Ioan Evans ac Ifor Davies – am eu hymgais lwyddiannus i danseilio achos datganoli trwy daenu propaganda negyddol, a chael rhwydd hynt gan eu Plaid i wneud hynny.

   Y mae ein dealltwriaeth o ddatganoli wedi datblygu cryn dipyn yn ystod y blynyddoedd diwethaf ac y mae swyddogaeth a gweithgarwch y Blaid Lafur o safbwynt y pwnc wedi dod yn gliriach. Wrth i glwyfau'r gorffennol ddechrau gwella, gellir trafod y mater yn fwy cytbwys a deallus. Ychydig erbyn hyn sy'n derbyn bod y 'gang of six' wedi creu ymdeimlad yn erbyn datganoli. Awgrymir, yn hytrach, fod eu propaganda wedi dinoethi ofnau, tensiynau a phryderon ymhlith etholwyr Cymru a oedd eisoes wedi ymwreiddio'n ddwfn yn y meddylfryd cenedlaethol. Mewn geiriau eraill, y mae'n debygol fod y syniad o ddatganoli wedi ei drechu ymhell cyn refferendwm 1979. Yn yr ysgrif hon awgrymir mai rheitiach fyddai dinoethi diffygion y rhai a geisiodd ennill cefnogaeth i'r mesur, gan osod llai o bwyslais ar y sawl a wrthwynebodd ddatganoli.

Y mae astudiaethau diweddar wedi cyfoethogi ein dehongliad o'r cymhlethdodau sydd ynghlwm wrth ddatganoli, yn enwedig wrth archwilio'r berthynas, ddirdynnol yn aml, rhwng Cymru a Llundain ar y testun dadleuol hwn. Bellach ystyrir datganoli yn fater gwleidyddol Prydeinig (yn hytrach na Chymreig neu Albanaidd) a gwelir ei fod wedi achosi rhwygiadau nid yn unig rhwng pleidiau gwleidyddol ond oddi mewn iddynt yn ogystal. O ganlyniad, yn hytrach nag ystyried datganoli fel ymrafael rhwng pleidiau y datganolwyr a'r gwrth-ddatganolwyr, rhoddir mwy o sylw yn awr i'r ymgiprys, yr eiddigedd a'r tensiynau a fodolai o fewn pleidiau. Trwy ganolbwyntio ar y Blaid Lafur a natur a naws y ddadl ynghylch datganoli y tu hwnt i Gymru, dadleuir yma mai trwy ganolbwyntio ar y gwrthdaro y tu mewn i'r Blaid Lafur yn y 1960au a'r 1970au y deuwn orau i ddeall ei hagwedd ddi-hid ac amwys at ddatganoli yn ystod y cyfnod hwnnw. Nid problem i'r Blaid Lafur Gymreig yn unig mohoni, ond yn hytrach symptom o broblemau Llafur ar lefel Brydeinig.

Pan ddychwelodd y Blaid Lafur i rym ym 1964 yn sgil tair blynedd ar ddeg fel gwrthblaid, tybiai nifer o ddatganolwyr y byddai penodi Ysgrifennydd Gwladol i Gymru yn y flwyddyn

31 Pensaer polisi'r Blaid Lafur ar ddatganoli yn y 1960au oedd Richard Crossman, awdur y tair cyfrol liwgar *Diaries of a Cabinet Minister*.

honno yn gam pwysig tuag at sicrhau mesur llawnach o ddatganoli. Ceisiwyd 'adeiladu' ar y consesiwn hwn ar unwaith. Galwodd cynhadledd Llafur Cymru ym 1964 ar i Gyngor Cymru gael ei drawsnewid i fod yn gorff gweinyddol democrataidd a mwy effeithiol. Ym 1965 gofynnodd yr un gynhadledd i Ysgrifennydd Gwladol Cymru ystyried y posibilrwydd o sefydlu Cyngor Cymru etholedig fel rhan o'r proses o ad-drefnu llywodraeth leol. Aeth cynhadledd 1966 ymhellach eto drwy basio cynnig o blaid corff etholedig. Yn sgil penodi Cledwyn Hughes yn Ysgrifennydd Gwladol yn ystod yr un flwyddyn, gwnaethpwyd ymdrechion ymarferol i greu cynulliad etholedig fel rhan o'r gwaith o ddiwygio llywodraeth leol.

Fodd bynnag, rhithiol i raddau helaeth oedd y 'golau gwyrdd' a gafwyd yn sgil penodi Ysgrifennydd Gwladol ym 1964. Ychydig iawn o brif aelodau y Blaid Lafur neu'r llywodraeth a oedd yn danbaid o blaid llywodraeth ddatganoledig. Yn wir, fel y gwelwyd yn y 1930au, y 1940au a'r 1950au, yr oedd rhai aelodau o'r llywodraeth Lafur yn parhau'n elyniaethus i benodiad Ysgrifennydd Gwladol dros Gymru. Honnodd Richard Crossman – un o ddeallusion mawr y mudiad Llafur a lluniwr polisïau yn llywodraethau Harold Wilson – yn ei ddyddiadur anghyhoeddedig fod swydd yr Ysgrifennydd Gwladol yn 'ridiculous job that should never have been created in the first place'. Yr oedd barn Crossman yn arwyddocaol oherwydd bu'n flaenllaw yn y gwaith o ddatblygu polisi Llafur ar foderneiddio llywodraeth wedi 1966. Er iddo annog 'moderneiddio', bu Crossman yn amwys iawn ynghylch datganoli ac yn gwbl glustfyddar i alwadau 'sentimental' am ddatganoli ar sail cenedligrwydd. I Crossman, rhanbarth o'r Deyrnas Unedig oedd Cymru, yn yr un modd ag yr oedd gogledd-ddwyrain neu dde-orllewin Lloegr hefyd yn rhanbarthau. Tra ystyriai fod datganoli i Gymru a'r Alban yn deillio o ideoleg beryglus, yr oedd yn llawer mwy pleidiol i gynulliadau 'rhanbarthol' ar gyfer y Deyrnas Unedig gyfan.

Prif gonglfeini rhaglen Llafur yn y 1960au oedd cynllunio cenedlaethol a pholisïau rhanbarthol ar gyfer y Deyrnas Unedig gyfan. Cefnogai hynny'r cysyniad y gallai cynulliadau rhanbarthol gydgordio polisi'r llywodraeth a hybu manteision economaidd sylweddol ledled Prydain, ac nid yng Nghymru a'r Alban yn unig. Ym 1966 sefydlwyd Comisiwn Redcliffe-Maud i ymchwilio i strwythur llywodraeth leol yn y Deyrnas Unedig. Ffafriai'r comisiwn hwn haen fwy rhanbarthol o lywodraeth, a thybiai Crossman y byddai hynny'n darparu mecanwaith a fyddai'n ateb anghenion Cymru heb ildio tir i genedlaetholwyr na'u 'dyhuddo' ychwaith. Ymhell cyn i isetholiadau Caerfyrddin a Hamilton ym 1966 a 1967 fynegi twf cenedlaetholdeb, yr oedd Crossman wedi gwasgu yn ofer ar y Prif Weinidog, Harold Wilson, i benodi pwyllgor Cabinet ar ddatganoli. Digiwyd Crossman a phan gytunodd Wilson yn y pen draw i sefydlu pwyllgor yn hwyr ym 1967 yr oedd canlyniadau'r isetholiadau yn hysbys a'r holl naws wedi newid. Felly, yn hytrach na gweld mesur o ddatganoli fel ffactor a oedd yn cyd-fynd yn daclus â chynlluniau'r Blaid Lafur i foderneiddio'r peirianwaith llywodraethol, fe'i hystyrid yn ymateb cwbl annigonol i'r 'tremendous rushing tide of nationalism'.

Fel yr awgryma hyn, yr oedd twf ymddangosiadol cenedlaetholdeb yn ystod ail hanner y 1960au wedi dylanwadu'n arwyddocaol ar agweddau'r Blaid Lafur at ddatganoli yng Nghymru a thu hwnt. Er bod rhai wedi awgrymu bod llwyddiannau Plaid Cymru yng Nghymru a'r Scottish National Party (SNP) yn yr Alban wedi 'gorfodi'r' llywodraeth i gydnabod galwadau'r ddwy genedl am ddatganoli, cafodd y llwyddiannau cenedlaetholgar hefyd ddylanwad negyddol. Mewn gwirionedd, llwyddodd y camau cenedlaetholgar breision i gymylu'r ddadl ar ddatganoli drwy greu gwrthwynebiad huawdl i bolisi na fuasai fel arall wedi cael fawr o sylw. Ychydig o'r rhai gwrthwynebus a oedd yn fodlon cydnabod bod galwadau am ddatganoli yn dyddio o'r cyfnod cyn llwyddiannau Plaid Cymru a'r SNP. Nid oeddynt ychwaith yn ei ystyried yn bolisi Llafur dilys gan fod iddo gymaint o gynodiadau cenedlaetholgar amlwg. I Crossman ac eraill yr oedd datganoli yn ymateb llipa i broblem cenedlaetholdeb. Y modd i atal cenedlaetholdeb – 'to bash the nationalists', chwedl Crossman – oedd datrys y problemau economaidd a oedd yn annog teimladau cenedlaetholgar yn hytrach na chaniatáu mesur o ddatganoli a fyddai'n tanseilio undod y Deyrnas Unedig. Fodd bynnag, ychydig yn y Blaid Lafur a oedd mor frwd â Crossman o blaid cynulliadau rhanbarthol a datganoli grym. Yn wir, tybiai Cyngor Gweithredol Cenedlaethol y Blaid Lafur (NEC) y byddai *mwy* o reolaeth ganolog a pholisïau rhanbarthol amgenach yn fwy tebygol o ddatrys trafferthion economaidd y Deyrnas Unedig. Fel y dywedodd un cofnod a wnaed gan adran ymchwil y Blaid Lafur: 'the problems of Wales are only going to be solved by channelling money across the border into the principality'.

Oddi mewn i'r Blaid Lafur a'r Cabinet yr oedd hunaniaethau cenedlaethol, gwrthdaro rhwng y chwith a'r dde, a phryderon lleol i gyd yn achosi tensiynau ar y testun hwn. Wedi 1968 cafwyd gwrthwynebiad aruthrol i ddatganoli, ac 'ychydig iawn' o gefnogwyr i'r mesur a geid yn y Cabinet. Tybiai Crossman mai teimlad eithriadol o gryf yn erbyn hunanlywodraeth a oedd wrth wraidd hyn, ac atgyfnerthwyd y teimlad hwnnw gan amharodrwydd yn Whitehall i ildio unrhyw reolaeth dros feysydd polisi allweddol.

Pan gyflwynodd Cledwyn Hughes gynlluniau ar gyfer Cyngor Cymru 'ymgynghorol a hyrwyddol' ym 1967, wfftiodd Crossman atynt a'u galw yn 'ridiculous . . . hopeless . . . miserable . . . utterly futile and inane'. Fodd bynnag, lliwiwyd barn Crossman am Hughes hefyd gan elfennau snobyddlyd a gwrth-Gymreig. Fel hyn y disgrifiwyd Hughes gan Crossman wedi un gwrthdrawiad rhyngddynt ar fater datganoli:

> He's a little Welsh attorney, weak, intensely ambitious, whose view is always on the winning side in the Cabinet. He looks around, he calculates, he puts it forwards. He's the author of this appalling Welsh white paper which I've allowed to go through . . . an appeaser if ever there was one. Weak and ineffective, not even amiable.

Ar achlysur arall, dywedodd Crossman:

> The Secretary of State, Cledwyn Hughes, a weak little man from North Wales or Anglesey, is himself a man who believes that the Welsh Nationalists are a

32 Cledwyn Hughes (1916–2001), AS Môn rhwng 1951 a 1979, Cadeirydd
Plaid Seneddol Llafur rhwng 1974 a 1979, a datganolwr pybyr.

formidable force and he himself would like to have a parliament for Wales. He shares this view with one or two of the new young MPs who have come in for Cardiganshire and for the Northern areas who are armed nationalists in this style and who are deeply alarmed by the fact that the Caernarvon by-election we lost to a Welsh nationalist is now dominating things and producing a great deal of moral blackmail in the House.

At hynny, yr oedd yr ymateb i dwf cenedlaetholdeb yn seiliedig nid yn unig ar warchod buddiannau gwleidyddol (seddau Llafur nid rhai'r Ceidwadwyr a oedd dan fygythiad) ond hefyd ar elyniaeth a chasineb dwfn at genedlaetholdeb yn rhengoedd y Blaid Lafur. Tra oedd twf cenedlaetholdeb yn yr Alban yn bwysicach cyn belled ag yr oedd prif aelodau'r blaid a gweinidogion Cabinet yn y cwestiwn (yn rhannol oherwydd bod mwy o seddau Llafur dan fygythiad yno nag yng Nghymru), tybid bod cenedlaetholdeb Cymreig yn wahanol i'w gymar Albanaidd ac yn fwy sinistr hefyd. Fel y mae dyddiadur Crossman yn datgelu drachefn, yr oedd pwyllgor y Cabinet ar ddatganoli yn coleddu safbwyntiau hynod o gyferbyniol ar genedlaetholdeb Cymreig ac Albanaidd:

> I have learnt in these weeks that we have been doing this committee that there is a huge difference between Scottish nationalism and Welsh nationalism. Scottish nationalism, with Scotland with its own legislature, Scotland with its own really independent tradition, with its own kings is a separate nation, joined to the English nation in a United Kingdom. Whereas the Welsh, well the Welsh aren't a separate nation, though there are Welsh who speak Welsh, the Welsh language is a separatist factor and does breed a particularly romantic and more violent and more passionate nationalism than its Scottish equivalent. Scottish

nationalism is a political movement, a knock-about, hard headed political movement seeking to gain advantages for Scotland. Welsh nationalism is a dreamy, violent, possibly dangerous movement based on language and therefore alienating the vast majority of Welsh people who don't speak a word of Welsh and don't want to have Welsh forced down their throats.

Nid oedd yn syndod, felly, pan gytunodd Wilson yn gynnar ym 1968 i gais Crossman i sefydlu Pwyllgor Cabinet i drafod gwahanol ffurfiau ar ddatganoli, na chafwyd cytundeb ar y mater. Unwaith eto, yr oedd y pwyllgor yn rhy ranedig ac, wrth i'w aelodaeth newid, buan y cryfhawyd llais y gwrthwynebwyr i ddatganoli. Dengys yr enghraifft ganlynol natur y broblem. Pan fentrodd un aelod o'r Pwyllgor gefnogi datganoli mewn un cyfarfod, digiodd Crossman yn arw gan fod yr aelod hwnnw dros yr wyth mis blaenorol wedi anfon eilydd a oedd yn 'fanatical unionist and an opponent of any kind of self-government'. Mewn nodyn i'r Cabinet amlinellodd Crossman ei syniadau ar ddatganoli, ond fe'u disgrifiwyd gan y Prif Weinidog fel 'not very inspiring'. Bu'r newidiadau cyson yn aelodaeth y Pwyllgor yn sgil ad-drefnu'r Cabinet yn rhwystr i ddatblygiad unrhyw strategaeth resymegol ar ddatganoli. Fodd bynnag, bu rhai o'r newidiadau yn fwy symbolaidd na'i gilydd. Pan benodwyd George Thomas yn Ysgrifennydd Gwladol yn lle Cledwyn Hughes, tybiai Crossman fod Wilson wedi cyfnewid 'a UK man instead of a nationalist', ond hefyd wedi colli cyfle i fynd i'r afael â datganoli – 'Harold doing nothing about it . . . allowing an issue to slip through his fingers'. Yr oedd cyfnewid Thomas am Hughes yn 'aberth' symbolaidd, ac yn cadarnhau amharodrwydd Wilson i ildio unrhyw dir ar fater datganoli.

Nid oedd gan y Blaid Lafur unrhyw strategaeth gydlynol na pholisi ar ddatganoli erbyn diwedd haf 1968, ac ychydig o'i haelodau blaenllaw a oedd wedi eu hysbrydoli i feddwl

33 Harold Wilson (1916–95), y Prif Weinidog rhwng 1964 a 1970, a rhwng 1974 a 1976, yng nghwmni Goronwy Roberts, AS Caernarfon (1945–74).

am gynlluniau derbyniol. Pan ofynnwyd i is-bwyllgor Polisi Cartref yr NEC ymestyn ei astudiaethau rhanbarthol i ganolbwyntio mwy ar faterion Albanaidd a Chymreig, swta iawn oedd ymateb y swyddogion. Yn sgil y methiant i ganfod polisi addas ac unfrydol ar ddatganoli, penderfynwyd sefydlu Comisiwn Brenhinol ar y Cyfansoddiad yn ddiweddarach yn yr un flwyddyn. Er i aelodau blaenllaw yn y Blaid Lafur, gan gynnwys Crossman, gael eu cythruddo gan y diffyg ymgynghori ymddangosiadol ar y penderfyniad hwn, yr oeddynt hefyd yn cydnabod mai dyma'r unig ddewis ymarferol. Yn naturiol, cyflwynwyd y penderfyniad i sefydlu comisiwn fel rhan o bolisi clir a chyson gan Lafur ac fel adlewyrchiad o'r pryder fod y llywodraeth wedi ymneilltuo'n ormodol oddi wrth y bobl. Ond yr oedd hefyd yn ddull cyfleus o gladdu testun trafferthus dan domen o fiwrocratiaeth yn y gobaith y byddai'r 'high tide of nationalism' ar drai cyn i'r Comisiwn gyflwyno ei adroddiad. Ni fu llawer o drafod ar ddatganoli yn rhengoedd y Blaid Lafur wedi sefydlu'r Comisiwn ac ychydig iawn o bwysau a roddwyd arno i gwblhau ei ymchwiliadau mewn da bryd. Erbyn 1970, er enghraifft, yr oedd llawer mwy o ddatblygu wedi digwydd yng nghyswllt trefniadau cyfansoddiadol ag Ynys Manaw nag â Chymru a'r Alban.

Yn ddiweddarach yn y flwyddyn, pan ddatgelodd y Blaid Lafur ei maniffesto ar gyfer Etholiad Cyffredinol 1970, daeth i'r amlwg unwaith eto nad oedd cytundeb terfynol yn bodoli ar ddatganoli. Wedi ymwrthod drachefn ag unrhyw awgrym o ymwahaniaeth neu o sefydlu Senedd i Gymru, cadarnhaodd y Blaid Lafur y byddai ei thystiolaeth i'r Comisiwn Brenhinol yn cynnwys cynlluniau ar gyfer sefydlu Cyngor Cymru etholedig a chanddo rymoedd estynedig, ond ni chafwyd unrhyw ymrwymiad y byddai llywodraeth Lafur yn cymryd camau ymarferol i sefydlu'r cyfryw Gyngor. A chan fod perfformiad siomedig Plaid Cymru yn etholiad cyffredinol 1970 (pan gollodd ei sedd yng

Nghaerfyrddin) yn dra gwahanol i lwyddiant sylweddol
Llafur yng Ngorllewin Rhondda a Chaerffili, yr oedd gan y
gwrth-ddatganolwyr le cryf i gredu bod y llanw cenedlaethol
ar drai ac na fyddai datganoli yn bwnc llosg mwyach.
Gan nad oedd y Blaid Lafur mewn grym ar ôl etholiad
1970, ni wyntyllwyd pwnc datganoli fawr ddim. I lawer ar
asgell chwith y blaid nid oedd yn berthnasol i'w gwerthoedd
a'i hamcanion creiddiol. A phan gyflwynwyd adroddiad y
Comisiwn Brenhinol yn hydref 1973, ychydig iawn a
wnaethpwyd i ddatrys yr amwysedd ynghylch datganoli. Yn
wir, atgyfnerthwyd y rhaniadau a oedd eisoes wedi bodoli
ers y 1960au drwy gynhyrchu rhychwant o opsiynau mewn
amrywiaeth o adroddiadau, gyda'r mwyafrif yn datgan o
blaid cynulliad etholedig a chanddo rymoedd cyfyngedig.
Ond ni chafodd canfyddiadau'r Comisiwn fawr o ddylanwad
ar y blaid. Er bod yr NEC yn teimlo rheidrwydd i ystyried yr
adroddiadau, yr oedd yn gwbl amlwg na fyddai'r llywodraeth
Lafur a ddychwelid ym 1974 yn teimlo unrhyw gyfrifoldeb i
weithredu argymhellion y mwyafrif. Pan gyhoeddodd y
blaid ei maniffesto ar gyfer Etholiad Cyffredinol Chwefror
1974, nid oedd unrhyw gyfeiriad ynddo at ddatganoli, ac ni
chafwyd ym maniffesto Cymreig y blaid fwy nag
ymrwymiad annelwig i sefydlu rhyw fath o gyngor
etholedig.
    Gorfodwyd y Blaid Lafur i ailystyried ei safbwynt ar
ddatganoli, fodd bynnag, yn sgil llwyddiant etholiadol yr
SNP yn yr Alban (ac i raddau llai Blaid Cymru). Gyda thair
ar ddeg o seddau Llafur yn yr Alban dan fygythiad, bu'n
rhaid i'r NEC ailystyried pwnc datganoli yn ystod haf 1974.
Pan gyhoeddodd y pwyllgor Polisi Cartref ddatganiad ar
ddatganoli ym Medi 1974, *Bringing Power Back to the
People*, ceisiwyd 'gwerthu' datganoli nid fel modd o dawelu
anniddigrwydd cenedlatholgar yng Nghymru a'r Alban ond
fel dull o sicrhau llywodraeth amgen a hawliau gwleidyddol
cyfartal. Honnwyd nad oedd penderfyniadau'r llywodraeth

a'r sector gyhoeddus yn ddigon democrataidd dan y drefn bresennol ac mai yn y cyd-destun hwnnw yr oedd yr NEC yn awyddus i sefydlu Cynulliad etholedig ar gyfer yr Alban ac ar gyfer Cymru. Yn yr un mis cyhoeddodd y llywodraeth y Papur Gwyn *Democracy and Devolution*, a amlinellai gynlluniau Llafur ar gyfer creu Cynulliad gweithredol, wedi ei ethol yn uniongyrchol yng Nghymru; ni fyddai cwtogi ar nifer aelodau seneddol Cymru, a byddai swyddogaethau'r Ysgrifennydd Gwladol yn parhau.

Eto i gyd, ni wnaeth yr NEC ymrwymiad cadarn i sefydlu llywodraeth ranbarthol i bawb, nac arddangos unrhyw awch gwirioneddol o blaid llywodraeth o'r fath. Tra dadleuai'r blaid fod dadl lawn wedi digwydd ymhlith tair miliwn o Gymry a phum miliwn o Albanwyr, nid oedd unrhyw ymgynghori wedi bod ymhlith y Saeson ynghylch datganoli. Yn wir, seiliodd yr NEC ei ragdybiaethau ar y polau piniwn a gynhaliwyd gan Gomisiwn Kilbrandon, a ddangosai gefnogaeth o 57 y cant i ddatganoli yng Nghymru (a 73 y cant yn yr Alban). Fodd bynnag, anwybyddodd ganfyddiadau eraill polau Kilbrandon a ddangosai fod y gefnogaeth i ddatganoli mewn rhai rhanbarthau yn Lloegr naill ai'n cyfateb i'r gefnogaeth yng Nghymru neu'n rhagori arni (58 y cant yn East Anglia, er enghraifft, a 57 y cant yn Llundain).

O ganlyniad, pan gyhoeddodd y Blaid Lafur ei maniffesto ar gyfer etholiad cyffredinol Hydref 1974 cynhwysai addewid y byddai'r llywodraeth Lafur nesaf yn creu 'cynulliadau etholedig' yng Nghymru a'r Alban, ond ni chafwyd addewid cyffelyb ar gyfer rhanbarthau Lloegr. Yn gynnar ym 1975 aeth Adran Ymchwil yr NEC ymhellach trwy ddadlau, yn wahanol i Gymru a'r Alban, nad oedd unrhyw dystiolaeth fod galw cryf am ddatganoli rhanbarthol yn Lloegr. At hynny, dadleuodd fod rhanbarthau Lloegr yn rhy bellennig ac yn disgwyl gormod gan newidiadau sefydliadol, yn enwedig gan fod llawer o'r dadleuon wedi eu sylfaenu ar gamddealltwriaethau a achosid gan genfigen gogleddwyr at lwyddiant economaidd pobl de Lloegr. Ni ddylid anwybyddu'r cyfnewidiadau deallusol a ddigwyddodd yng nghyfansoddiad y blaid yn ystod y cyfnod hwn ychwaith.

O ganlyniad, er gwaethaf difaterwch y mwyafrif o aelodau seneddol Lloegr ynghylch datganoli a pholisïau rhanbarthol, cafwyd ymateb llym. Honnwyd y byddai cynlluniau'r llywodraeth yn rhoi mantais i Gymru a'r Alban yn yr ymrafael am adfywiad economaidd a chyflogaeth lawn. Mewn dadl a ddaeth yn ganolbwynt i ymosodiadau gwrth-ddatganoli weddill y degawd, mynegodd Neil Kinnock ddelfrydau nifer o feincwyr cefn Llafur:

> Regions suffering exactly the same profound economic and social problems for exactly the same reasons as Scotland and Wales are reported to be fearful of 'the extra political clout' (to use that awful Kilbrandonesque jargon) awarded to the Assemblies. They might, as a consequence, seek a similar constitutional status for regional moots. If they do, and their search is rewarded, Britain is then on the way to a federal constitution by slip, slide and default.

Fodd bynnag, yr oedd y diffyg brwdfrydedd dros ddatganoli yn golygu mai ychydig yn unig a ddewisodd ddilyn y ffordd a awgrymwyd gan Kinnock. Yn hytrach, cafwyd ymgais fwy cydlynol i danseilio'r cynlluniau datganoli ar gyfer Cymru a'r Alban o fewn rhengoedd y Blaid Lafur Seneddol. Rhwng 1975 a 1977 deuai tensiynau i'r amlwg yng nghyfarfodydd y Blaid Lafur Seneddol (BLS) bob tro y gwyntyllid y pwnc.

Dengys astudiaeth o safbwyntiau'r BLS ar ddatganoli wewyr meddwl tipyn dyfnach ynghylch y modd y câi polisi Llafur ei lunio yn ystod y cyfnod hwnnw. Mynegwyd cefnogaeth i ddatganoli yng nghyfarfodydd y BLS wedi 1975, ond ychydig o Gymry cefnogol a gyfrannodd at y dadleuon hynny, a'r duedd oedd i safbwyntiau amheuwyr o'r tu allan i

Gymru a'r Alban gael eu lleisio yn y trafodaethau. Tra oedd
y gwrthwynebiad i ddatganoli weithiau yn ideolegol, gallai
hefyd ddibynnu ar ymgiprys mewn-bleidiol a grym
traddodiad. Er enghraifft, gwrthododd rhai aelodau o'r BLS
gydnabod datganoli fel polisi swyddogol y Blaid Lafur
oherwydd nad oedd wedi cael ei drafod yn llawn oddi mewn
i'r blaid ac yn enwedig yng nghynhadledd y Blaid Lafur. Hyd
at 1975 hefyd yr oedd aelodau seneddol Lloegr wedi eu
heithrio o drafodaethau'r BLS oherwydd nad oedd unrhyw
is-bwyllgor ar ddatganoli yn bodoli ac oherwydd mai
aelodau Cymru a'r Alban yn unig a oedd wedi trafod y pwnc
yn eu pwyllgorau eu hunain. Golygai'r ffaith mai dim ond
yng nghynadleddau'r blaid yng Nghymru a'r Alban y
trafodwyd datganoli nad oedd wedi derbyn sêl bendith
aelodau seneddol Lloegr ac, o ganlyniad, nid oeddynt yn
teimlo unrhyw reidrwydd i'w gefnogi. Tybiai rhai aelodau
seneddol fod yr NEC wedi gorymateb yn haf 1974 o
ganlyniad i lwyddiant yr SNP yn etholiad Chwefror 1974.
Yn sgil cwymp economaidd, a ddilynwyd gan gwtogi ar
wariant cyhoeddus ym 1975, dirywiodd agweddau tuag at
ddatganoli ymhellach yn y blaid. Ofnai aelodau o'r BLS fod y
mater ymylol hwn yn cymryd gormod o amser seneddol a'r
farn gyffredinol ymhlith aelodau seneddol Llafur yn Lloegr
oedd mai ar sail polisïau yn ymwneud â'r economi,
diweithdra, tai ac ysgolion y byddai unrhyw etholiad yn cael
ei ennill neu ei golli.

At hyn, ni ellir anwybyddu'r gafael bregus a oedd gan y
Blaid Lafur ar rym wedi 1974. Dangoswyd yn etholiadau
1950, 1964 a 1974 mor bwysig oedd seddau seneddol yng
Nghymru a'r Alban i fwyafrif gweithredol y blaid yn Nhŷ'r
Cyffredin. Fel yr awgrymwyd eisoes, dylanwadodd aelodau
seneddol asgell-chwith Llafur yn Lloegr yn gryf ar y
trafodaethau ar ddatganoli oddi mewn i'r NEC a'r BLS.
Ymhlith yr amlycaf yr oedd Eric Heffer, aelod seneddol
diflewyn-ar-dafod o Lerpwl, a gelyn mawr i ddatganoli.

34 Eric Heffer, AS Walton, Lerpwl, rhwng 1964 a 1991, a gwrthwynebwr
chwyrn i ddatganoli gydol y 1970au.

Dychrynwyd Heffer a nifer o rai tebyg iddo gan y sgil-
effeithiau a allai ddeillio o ddatganoli. Iddo ef, yr oedd
cynnal grym Llafur yn San Steffan yn hollbwysig gan fod y
rhyfel gwleidyddol go iawn yn cael ei gynnal rhwng
Sosialwyr a Thorïaid yn Nhŷ'r Cyffredin ac nid yn
unigeddau gwledig Cymru. Byddai unrhyw drefn
ddatganoledig a olygai gwtogi ar niferoedd yr aelodau

seneddol Llafur yn San Steffan yn tanseilio gallu Llafur i ymladd y rhyfel hollbwysig yn y Senedd. Er i'r llywodraeth Lafur geisio tawelu'r ofnau hyn, daeth y sibrydion ynghylch cwtogi ar nifer yr aelodau seneddol yng Nghymru a'r Alban yn arf grymus yn yr ymgyrchoedd gwrth-ddatganoli. Fel y dadleuodd un aelod seneddol o Loegr, ni fyddai sosialaeth yn bosibl heb bleidleisiau pobl Cymru a'r Alban. Yn ôl un pamffled gwrth-ddatganoli ym 1978:

> It has to be said, and explained time and time again that the upshot of these extraordinary proposals will make it doubtful whether the Labour party will ever again govern with a majority over all the other parties.

Ni chyfyngwyd yr ofnau hyn i Loegr. Aeth trefnydd y Blaid Lafur Gymreig, Emrys Jones, datganolwr brwd a'r grym y tu ôl i ymdrechion Llafur Cymreig i sicrhau datganoli o'r 1960au diweddar ymlaen, mor bell â bygwth diddymu cefnogaeth y Blaid Lafur Gymreig i ddatganoli pe cwtogid ar nifer yr aelodau seneddol Cymreig.

35 'The Great Haroldo': digriflun o Harold Wilson a gyhoeddwyd yn y *Welsh Nation*, Rhagfyr 1975.

Yr oedd yn fwyfwy amlwg hefyd nad oedd Harold Wilson na'i olynydd James Callaghan yn ddatganolwyr wrth broffes. Ar y gorau, yr oeddynt yn ddifater yn ei gylch. Yng nghanol y 1970au cyhuddwyd Wilson gan genedlaetholwyr yng Nghymru o lunio cynllun ar ddatganoli a fyddai'n annerbyniol i etholwyr Cymreig. Fel y dengys cartŵn a gyhoeddwyd yn y *Welsh Nation* portreadwyd Wilson fel lledrithiwr ac ystumiwr, ond y gwir yw fod ganddo lawer llai o ddiddordeb yn y testun nag yr awgrymai ei wrthwynebwyr. Fel y dadleuwyd eisoes, yr oedd Wilson wedi pendilio tipyn ar bwnc datganoli yn y 1960au diweddar. Ac yntau mewn grym drachefn ym 1974 ychydig a oedd wedi newid, er gwaethaf ymrwymiad y Blaid Lafur i ddatganoli yn ei maniffesto. Er ei fod yn arddel datganoli o ran hwylustod gwleidyddol, nid oedd Wilson yn ddatganolwr o argyhoeddiad. Yn ystod haf 1974, er enghraifft, pan oedd polisi datganoli Llafur yn cael ei ffurfio, gwyddom fod Wilson mor anwybodus ynghylch oblygiadau'r cytundeb fel y trosglwyddai negeseuon cymysg i'r gweision sifil a oedd yn gyfrifol am ddrafftio polisi'r llywodraeth.

Gwyddom hefyd fod mwyafrif yn y Cabinet yn erbyn datganoli rhwng 1974 a 1976: am bob un a oedd o blaid, yr oedd dau yn erbyn. Pan ddaeth datganoli yn rhan annatod o faniffesto'r llywodraeth, tueddai y gwrthwynebwyr a'r amheuwyr oddi mewn i'r Cabinet oedd arafu'r proses. Tybid y byddai datganoli yn tywys y deyrnas i lawr llwybr llithrig a fyddai'n tanseilio'r Deyrnas Unedig yn llwyr. Dengys dyddiadur Bernard Donoughue, ysgrifennydd y wasg yn swyddfa Harold Wilson, fod cryn betruster ymhlith aelodau'r Cabinet ynglŷn â'r mater yn haf 1974 ac o ganlyniad bu cryn ffraeo rhyngddynt. Pan aeth Donoughue i Chequers i fynychu cyfarfod ar ddatganoli ym mis Medi 1975 canfu nad oedd y Prif Weinidog wedi trafferthu i ddarllen ei brîff gan ei fod wedi diflasu'n llwyr â'r pwnc. Wrth i'r cyfarfod cecrus hwn fynd yn ei flaen, methodd y Prif Weinidog â chadw rheolaeth arno:

[Denis] Healey went on and on, saying that the Cabinet had never agreed to devolution. He interrupted HW [Harold Wilson] in a most boorish way. [Tony] Crosland objected to this. [Roy] Jenkins was embarrassed by Healey's crude style but agreed with his argument. [Willie] Ross was booming away at the end of the table that it was too late to object, devolution was a fact of life. HW was trying without success to restore order. For twenty minutes, it was like a monkey's tea party.

Wrth ystyried oblygiadau'r rhwygiadau yn y Cabinet a diflastod Wilson, dywedodd Donoughue:

HW [Harold Wilson] does not support it either really. His position is that we are committed to it: we proposed it, we put it in our manifesto, and we produced a White Paper – therefore we cannot go back on it. But he does not believe in it.

Yn eironig, y mae'n bosibl fod y gwrthwynebiad i ddatganoli yn y Cabinet (yn enwedig o du ffigyrau grymus megis Roy Jenkins a Denis Healey) wedi cryfhau penderfyniad Wilson i ddial arnynt, fel yr awgrymir mewn cofnod arall gan Donoughue:

Had a long discussion on devolution. HW [Harold Wilson] is particularly annoyed with the ministers who have leaked details of Friday's Cabinet at Chequers. He implies Jenkins, and says in revenge he will give firm commitments to devolution in the Commons today.

Fodd bynnag, pan ymddiswyddodd Wilson ym 1976 trosglwyddwyd y dasg o 'werthu' datganoli yng Nghymru i'r arweinydd newydd, James Callaghan, un o aelodau seneddol y Blaid Lafur yng Nghaerdydd. Ond er gwaethaf ei gysylltiadau Cymreig, nid oedd Callaghan yn ddatganolwr pybyr o fath yn y byd. Cyn iddo ddod i werthfawrogi swyddogaeth y Swyddfa Gymreig (a helpu'r sefydliad hwnnw i ymestyn ei rym yn y tymor hir) yr oedd wedi gwrthwynebu creu Ysgrifennydd Gwladol i Gymru yn y 1950au hwyr a'r 1960au cynnar. Fel y dangosodd ei gofiannydd Kenneth O. Morgan, Llafurwr traddodiadol oedd Callaghan a chredwr cryf mewn cynllunio cymdeithasol ac economaidd canolog. 'A dangerous concession to parochial Celtic nationalism' oedd datganoli, yn ei dyb ef. Ar y cyd â nifer o aelodau seneddol Llafur eraill o dde Cymru, ni fynnai wanhau grym y Swyddfa Gymreig er mwyn creu cynulliad etholedig.

Fodd bynnag, yn ystod ymgyrch yr Etholiad Cyffredinol yn Hydref 1974, cefnogodd Callaghan ddatganoli, fel y gwnaeth Wilson o'i flaen, oherwydd hwylustod gwleid-yddol. Eto i gyd, fel aelod o Gabinet Wilson yr oedd ei safbwyntiau ar y testun yn anwadal a chyfnewidiol. Pan heriwyd ef gan aelod o'r Cabinet iddo gefnogi datganoli cyn hynny, dywedodd Callaghan, 'Ah . . . that was before we won the election.' Mewn cyfarfod arall mynegodd Callaghan ei ofn y byddai datganoli yn agor y drws at ymwahaniaeth ac o ganlyniad llugoer iawn oedd ei gefnogaeth. Er ei fod yn gyfrifol am gyflwyno ail ddarlleniad y mesur datganoli yn Rhagfyr 1976, yr oedd Callaghan yn amheus ynghylch gwerth y mesur, ac y mae hyn yn gymorth i egluro, o leiaf yn rhannol, ei fethiant i 'arwain' yr ymgyrch ar ddatganoli yn y misoedd cyn refferendwm 1979 a'i amharodrwydd i gyfrannu at weithgareddau o blaid datganoli. Erbyn 1977, yn sgil creu'r cytundeb Llafur–Rhyddfrydol, gorfodwyd Callaghan i fabwysiadu agwedd fwy cadarnhaol – unwaith eto oherwydd hwylustod gwleidyddol. Ym 1978 a 1979, er gwaethaf ymgais lew gan swyddogion Llafur yng Nghymru a'r Alban i'w berswadio i ddangos mwy o frwdfrydedd, dim ond ambell araith o blaid datganoli a draddodwyd gan Callaghan ac nid oedd unrhyw amheuaeth gan y sawl a luniai ei areithiau beth oedd ei wir deimladau ar y pwnc. Mewn drafft o un o'r areithiau prin hyn, araith a draddodwyd yn Abertawe ym

mis Chwefror 1979, mynegodd Callaghan ei gysyniad o
Brydeindod fel y dyhead yng Nghymru 'to beat the English
on the rugby field and stand shoulder to shoulder with them
in war and trouble. There is no contradiction here' (ond ni
ddywedodd hyn yn y fersiwn terfynol).
Nid Callaghan oedd yr unig un a oedd yn llugoer
ynghylch datganoli. Pur egwan fu'r ymgyrch ei hun. Ledled
Cymru methodd y llywodraeth ag egluro manteision
datganoli ac i'w hyrwyddo yn eglur. Yng ngogledd Cymru,
er enghraifft, prin ddyddiau cyn y refferendwm, nid oedd
rhai etholwyr yn deall y gwahaniaeth rhwng 'devolution',
'devaluation' a 'deflation'. Methwyd â dosbarthu miloedd o
daflenni etholiadol yn cefnogi datganoli oherwydd agwedd
apathetig canghennau lleol y Blaid Lafur at y mesur. Mewn
ardaloedd eraill gadawyd y dasg o ymgyrchu (ac weithiau o
bostio taflenni Llafur) i Blaid Cymru. Ond unwaith eto
symptomau lleol oedd y rhain o anhwylder dyfnach a
dreiddiodd i lawr o uchelfannau'r llywodraeth.
	Er iddo gael ei fabwysiadu fel polisi swyddogol y
llywodraeth, ni roddwyd fawr o sylw i ddatganoli gan yr
NEC wedi 1975, er bod disgwyl iddo – trwy ei is-bwyllgorau
amrywiol – roi cyhoeddusrwydd i'r mater ac ariannu'r
ymgyrchoedd. Diddymwyd yr is-bwyllgor datganoli yn
gynnar ym 1975. Bu canlyniad hynny yn alaethus. Daeth
ansicrwydd ynghylch datganoli i'r amlwg yn y modd yr
ymdriniwyd ag ef gan Bwyllgor Cyhoeddusrwydd Llafur.
Wrth i'r Pwyllgor hwn baratoi ar gyfer darllediad
gwleidyddol ar ddatganoli ym 1976, mynegwyd ofnau y
byddai neges gadarnhaol yn achosi problemau oddi mewn i'r
blaid, yn rhannol oherwydd nad oedd unrhyw gefnogaeth i'r
Papur Gwyn wedi ei ddangos yn y BLS (a oedd yn gelwydd)
ond hefyd gan fod amheuaeth wedi ei fynegi gan y Pwyllgor
Gwaith. Yn hytrach na chefnogi'r mesur yn frwd dewisodd
yr NEC ysgogi dadl fawr drwy dynnu sylw at amrywiol
safbwyntiau at ddatganoli, gan ddadlau fel a ganlyn:

This approach has never been tried before, but it is an alternative to putting across propaganda lines in which the party have grave doubts.

Ledled Cymru nychwyd yr ymgyrchoedd o blaid datganoli gan y tensiwn a'r drwgdeimlad a fodolai rhwng Llafur a Phlaid Cymru. Nid oedd hyn yn syndod o gofio naws yr ymgyrchoedd a arweiniwyd gan wrth-ddatganolwyr y Blaid Lafur. Fel yr awgrymwyd eisoes, ofnai cenedlaetholwyr mai cynllwyn gan Lafur i danseilio'r achos cenedlaethol a dinistrio hygrededd etholiadol Plaid Cymru oedd datganoli. At hynny, er y 1960au bu llawer o wleidyddion amlycaf Llafur yn ffyrnig eu gwrthwynebiad i genedlaetholdeb. Wrth i'r frwydr dros ddatganoli gynhesu yng Nghymru a'r Alban ar drothwy'r refferendwm ym 1979 lansiodd rhai o'r 'gang of six' yn rhengoedd Llafur ymosodiadau chwyrn ar genedlaetholwyr. Er gwaethaf protestiadau Emrys Jones a swyddogion Llafur eraill yng Nghaerdydd (ond nid yn Llundain), honnodd Leo Abse dro ar ôl tro y byddai Cymru, pe deuai datganoli, yn gyforiog o genedlaetholwyr a chanddynt obsesiwn â'r Gymraeg ac y rhwystrid Saeson rhag dod i Gymru. Yn ystod un ddadl yn Nhŷ'r Cyffredin awgrymodd Neil Kinnock fod cenedlaetholwyr yng Nghymru wedi cynllwynio i helpu ymgyrch ryfel y Natsïaid yn ystod y 1930au.

Ond ni chyfyngid yr atgasedd at genedlaetholdeb i Gymru. Mewn un cyfarfod o'r BLS heriodd aelod seneddol o Loegr ddatganoli drwy ddadlau bod cenedlaetholwyr yn hiliol. Tybiai eraill fod cenedlaetholdeb yn elyn i sosialaeth ac mai dyma'r ffurf beryclaf ar Dorïaeth. Er gwaethaf dadleuon y sawl a dybiai fod datganoli yn ymwneud â chael gwell llywodraeth a democratiaeth fwy effeithiol (ac nid yn ymateb i fygythiad dychmygol cenedlaetholwyr Cymru a'r Alban yn unig) yr oedd cysgod cenedlaetholdeb yn drwm dros y drafodaeth. Fel y dadleuodd Eric Moorman AS:

> Another consequence of giving credence to . . .
> Nationalists is the stimulus it gives to other various
> other freak parties. For . . . Nationalists can only be
> regarded as freaks . . . the present proposals for Scottish
> and Welsh assemblies were conceived in haste and
> without love, the pregnancy has been gross and
> ungainly; the outrageous claims of the expectant parents
> could never be achieved; the most likely outcome is a
> still birth, and the kindest an abortion now.

Trwy gydol y cyfnod rhwng 1977 a 1979 cafodd rhaniadau
mewn-bleidiol ynghylch datganoli ddylanwad ar gyfeiriad a
naws polisi Llafur ar y pwnc. Yn gynnar ym 1977 – er mwyn
mygu unrhyw feirniadaeth – bu gwrthwynebiad aelodau
seneddol Lloegr, Cymru a'r Alban i'r datblygiadau mor gryf
fel y bu'n rhaid i'r llywodraeth ddatgan y cynhelid
refferendwm ar ddatganoli cyn i'r mesurau i greu
cynulliadau ddod i rym. Yn y cyfamser bu methiant i sicrhau
cefnogaeth o'r meinciau cefn yn gyfrifol am drechu'r cynnig
'guillotine' ar fesur yr Alban a Chymru yn fuan wedyn. Pan
gyflwynwyd y mesur Cymreig ym mis Tachwedd 1977
gorfodwyd y llywodraeth i dderbyn gwelliant arwyddocaol,
sef y byddai'r mesur yn methu pe bai llai na 40 y cant o
etholwyr Cymru yn pleidleisio o'i blaid.

   Yn amlwg cyfrannodd methiant y Blaid Lafur i sicrhau
cefnogaeth ymhlith y meincwyr cefn at ei methiant i
weithredu ei pholisi. Fodd bynnag, er gwaethaf protestiadau
aelodau seneddol, gan gynnwys Leo Abse, fod presenoldeb
gwael yng nghyfarfodydd y BLS yn dangos 'that a reluctant
PLP was being dragooned in the lobbies in support of the
bill', ni roddwyd unrhyw bwysau gwirioneddol ar feincwyr
cefn i gefnogi datganoli. Buasai cadw disgyblaeth yn y Blaid
Lafur yn broblem gynyddol hyd at 1977 a digon gwantan fu
pob ymgais i adfer trefn. Daeth Callaghan a'r gweinidogion
a oedd yn gyfrifol am ddatganoli, gan gynnwys Michael
Foot, yn hynod o anniddig oherwydd gwrthryfel y meinciau

cefn. Fel y dengys cofnodion cyfarfod o'r BLS ym mis Mehefin 1977, yr oedd Callaghan wedi hen alaru ar y cecru cyson ynghylch y mater hwn a nifer o faterion eraill:

> Day after day it was asserted that we were incapable of government; that our supporters did not really support us and that we were infirm and incapable . . . [the government] could not afford to be defeated on measure after measure. He asked Members whether it was good politics, as opposed to good principle, to introduce measures that you knew would not get through? We had not been defeated by the Tories, but by our own people.

Gyda'r sefyllfa economaidd yn dirywio yn gyflym, ynghyd â thoriadau mewn gwariant cyhoeddus, diweithdra cynyddol ac aflonyddwch diwydiannol, enynnodd ffocws y llywodraeth Lafur ar ddatganoli (yn hytrach nag ar y problemau hyn) gryn feirniadaeth. Trwy gydol 1978 yr oedd poblogrwydd y blaid, ynghyd â chefnogaeth i ddatganoli, yn dadfeilio. Mewn llythyr at Jack Jones o Undeb y Gweithwyr Trafnidiol a Chyffredinol yn haf 1978 crynhodd Neil Kinnock farn y mwyafrif o wrth-ddatganolwyr y Blaid Lafur:

> I am absolutely fed up with the whole business. I have twelve per cent unemployment, inadequate schools and health services, a housing shortage and every kind of industrial and social decay in my constituency; we have depression and racialism in the whole country; the Tories are on the edge of an electoral victory, and devolution – of all issues – is top of the agenda. I consider that to be, in the truest sense, fantastic.

Fel yr awgrymir yn yr ysgrif hon, y mae'n bwysig dadansoddi'r refferendwm ym 1979 yng nghyd-destun ehangach datblygiadau gwleidyddol Prydain yn ystod y 1960au a'r 1970au yn hytrach na'i weld fel 'digwyddiad' ac fel argyfwng gwleidyddol Cymreig yn unig. Yr oedd y

36 James Callaghan (1912–2005), a fu'n Brif Weinidog rhwng 1976 a 1979, yng nghwmni I. B. Griffith adeg yr Arwisgo ym 1969.

rhwystredigaeth a deimlai'r Blaid Lafur yn sgil ei dychweliad i rym yn y 1960au, o'i gyfuno â sefyllfa genedlaethol a rhyngwladol a oedd yn prysur ddirywio, yn golygu bod datganoli yn cael ei ystyried yn fater gwleidyddol 'ymylol' nad oedd yn cyfiawnhau yr holl sylw ymddangosiadol a gâi gan lywodraethau Llafur. Wrth gwrs, ceid datganolwyr huawdl a thwymgalon oddi mewn i rengoedd Llafur, ond lleiafrif oeddynt. Oherwydd hyn, yr oedd datganoli yn gelain ymhell cyn cynnal y refferendwm ym 1979. Pan ddychwelodd y Blaid Lafur i rym ym 1997 yr oedd yr elyniaeth at genedlaetholdeb a thensiynau mewnbleidiol wedi ymdawelu i raddau helaeth a'r tro hwn, o drwch y blewyn, llwyddwyd i ennill mwyafrif o blaid creu Cynulliad Cenedlaethol i Gymru.

DARLLEN PELLACH

Yr Arglwydd Cledwyn, *Y Refferendwm: Diwedd Cyfnod* (Caerdydd, 1981).

Vernon Bogdanor, *Devolution in the United Kingdom* (Rhydychen, 2001).

Bernard Donoughue, *Downing Street Diary: With Harold Wilson in No. 10* (Llundain, 2004).

J. G. Evans, *Devolution in Wales: Claims and Responses, 1937–79* (Caerdydd, 2006).

Rhys Evans, *Gwynfor: Rhag Pob Brad* (Talybont, 2005).

D. Foulkes, J. Barry Jones ac R. A. Wilford (goln.), *The Welsh Veto: The Wales Act 1978 and the Referendum* (Caerdydd, 1983).

J. Graham Jones, 'Y Blaid Lafur, Datganoli a Chymru, 1900–1979' yn Geraint H. Jenkins (gol.), *Cof Cenedl VII* (Llandysul, 1992).

Kenneth O. Morgan, *Rebirth of a Nation: Wales 1880–1980* (Rhydychen, 1981).

Kenneth O. Morgan, *Callaghan: A Life* (Rhydychen, 1997).

Duncan Tanner, Chris Williams a Deian Hopkin (goln.), *The Labour Party in Wales 1900–2000* (Caerdydd, 2000).

Ysgrifau Cyfrolau XXI–XXIV

Nia Davies